沟通的 艺术

所谓情商高就是会说话

刘文华　编著

团结出版社

图书在版编目（CIP）数据

所谓情商高就是会说话 / 刘文华编著 . -- 北京：
团结出版社 , 2019.4（2023.11 重印）
（沟通的艺术）
ISBN 978-7-5126-6969-7

Ⅰ . ①所… Ⅱ . ①刘… Ⅲ . ①心理交往－语言艺术－
通俗读物 Ⅳ . ① C912.11-49

中国版本图书馆 CIP 数据核字（2019）第 082324 号

出　版：团结出版社
　　　　（北京市东城区东皇城根南街 84 号　邮编：100006）
电　话：（010）65228880　65244790（出版社）
　　　　（010）65238766　85113874　65133603（发行部）
　　　　（010）65133603（邮购）
网　址：http://www.tjpress.com
E - mail：zb65244790@vip.163.com
　　　　tjcbsfxb@163.com（发行部邮购）
经　销：全国新华书店
印　刷：金世嘉元（唐山）印务有限公司

开　本：145mm×210mm　32 开
印　张：6 印张
字　数：110 千字
版　次：2019 年 4 月　第 1 版
印　次：2023 年 11 月　第 2 次印刷

书　号：978-7-5126-6969-7
定　价：29.80 元

前　言

在现实生活中，你是不是也遇到过这种情况：因为一句无心之言而得罪人，别人越来越不喜欢和你说话，总是话刚一出口就后悔……每个人都会说话，但并非每个人都懂得像高情商者一样说话。语言是带情绪的，你所说的每一个字串联起来，有可能给人带去温暖，也可能给人带来伤害。

低情商者很容易情绪失控，他们不是出口伤人，就是句句带着牢骚。他们悲观厌世，自我价值感较低，经常生活在沮丧、压抑、愧疚中，对自己失去信心。

高情商者非常善于驾驭自己的情绪，而且也很懂得关心别人。他们说话、做事总是会表现出良好的状态与个人修养，知道怎么合理表达自己的情感和诉求，知道如何去洞察别人的内心世界。他们善于沟通，精于表达，有着不错的口碑与良好的人脉关系。情商不是与生俱来的，而是后天训练得来的。每一个人都可以通过学习、锻炼来不断地提高自己的情商。

正是因为认识到会说话的重要性，因此要做出改变，改变自己的态度、思想、生活方式，甚至是性格，结果，他们从不善表达，到会说话，再到能把话说得滴水不漏，整个人都发生了蜕变。

如今，不管从事什么行业，干什么工作，语言表达都是一项极其重要的能力。可以说，会说话的人，不论在人脉，还是事业方面，永远都比那些自闭、寡言的人收获更多。

从现在起，请张开你的嘴巴，控制好自己的情绪，练习好好说话吧。学会像高情商者一样说话，不但能成就自己，也能给予这个世界和身边的人最美好的善意和最温柔的守望。

目　录

第一章
高情商的人生，从会说话开始

古代常用"三寸不烂之舌"形容口才的高超及富有魅力。"欲审知其德，问以行；欲审知其才，问以言。"的确，说话就是这样的奇妙，你既看不见，又摸不着，但举手投足之间，可以令风云变幻，这就是说话的特有魅力及其非凡的作用。

不会说话，靠什么社交

说话在交际中的作用，毫无疑问是十分重要的，人类的交际场所，可以说是人类生活的舞台。应酬是成功者在生活的磨炼中所获得的能力。我们常见许多人会面的时候，开始类似下面的沟通谈话。

甲：哈哈，今天的天气很不错哪！

乙：是的，很好，哈哈！

甲：你好吗？

乙：托福，你呢？

这样的开场白，看起来很平淡，似乎没有什么交谈的内容，但是你注意一下他们之间的态度，他们的语调，这哈哈的两声，就表现出特殊的情感。这情感既不热烈，也不冷淡，而是从生活中磨炼出来的世故经验。一般人所说的阅历，就是指这个。

你和他人交往，你在社会上跟许多人交际、接触，自然你会衡量别人，而别人也衡量你。我不知道你是拿什么标准去衡量别人，但是我可以告诉你别人衡量你的标准。当人们一看见你的时候，他们的头脑中立刻起了一种印象，注意你的一切了，你无论笑一下，走动一下，或者微咳一声，人家都当作是你发出的信息，以此推测你是一个怎样的人。

但是要准确地了解你，必须与你直接交往，人们为了获得真实的结果，于是悄悄地走近你，含着微笑，一面用眼光不住地打量你，一面和婉地说：先生！您贵姓？您是……您这是……多有意思！他让你自己说出来，这里的答语就是衡量你的最厉害的尺度。如果你能从容不迫地向他还个礼，然后再和婉地回答他的问题，你介绍你自己，你再询问他的一切，这样，你将被他所重视、所钦敬。有些人被视为老练、持重，有些人被认为轻浮、狡猾，也有些人被认为连人情世故也不懂，这都是从口才上所显示出来的。

在社交场合，如果你留心观察，就可以看出社交圈中分三种人：爱说话的人，爱听人说话的人，不爱说话也不爱听的人。第一类爱说话的，最易应付，你要是轻轻用一两句话撩拨他，他便会一直说下去。你只要有忍耐的功夫，不管他说得有无趣味，仍能细细听着，那么他就大为满意，即使你一句也不说，也可能引你为知己。第二种爱听不爱说的，应付比较难了。这一种人对说话很感兴趣，生性虽不大好说话，但却爱听别人说话，人到万不得已时，话以少说为佳，因为听话容易，说话而能讨好却不容易，但如今碰到了对头，你若不说，这局面就不易维持下去，那么你就须小心从事了。

你可以从头说到尾，但你要牢记，你是说给对方听的，不是说给你自己听的。因此，说话不在于只图自己痛快，必须顾及对方的兴趣，你要为听者着想，要探出对方的兴趣，然后择其感兴趣者谈下去。别人愿意听你的谈话，是因为你有某一种值得听听的议论，或因你刚从某地旅行回来，或因你的事业经验值得注意，或因你知道了一些特殊的新闻，或因你对于某一问题具有独特的见解，所以他才愿意耐心听你说。当你探出他兴趣的焦点，就可以一直谈下去。你必须注意，即使是一个很好的题材，说时也要适可而止，否则会令人疲倦。说完一个题材之后，若不能引起对方发言，而必须仍由你支持局面，就要另找新鲜题材，如此才能把对方的兴趣维持下去。在谈话当中，对方的发言机会虽为你所操纵，你也必须时常找机会诱导对方说话，像说到某一节时可征求他对该事的评论，或在某种情形时请他谈谈自己的经验等，使对方不致呆听，才不失为一个善于说话的人。如话题转了两三次，而对方仍没有将发言机会接过去的话，或没有主动发言的要求时，你应该设法把一个谈话结束，即使你精神还好，也应让别人休息休息了。自己包办了大半的发言机会，是不得已时才偶尔为之的方法，如果一厢情愿地以为别人爱听自己的话，或不管别人有无兴趣便随意说下去，那就大错特错了。

在社交上，最好的谈话，是有别人的话在里面。那种看来不爱说也不爱听的人，常常坐在客厅的一个角落里。当他偶然听见另外的一小组哄然的笑声时，他会跟着一笑，但这种笑显然是敷衍的，因为笑容随即收敛，他的眼光已经移到墙壁上的另一张字画上去了。虽然这种人绝对不会单独来看你，但若在别人家里相遇，或在一个宴会里刚巧坐在你的身边，那么你就不能不想个办法了。首先你要明白，这种人大概在一群人当中年纪较大或较小，或学问兴趣较高，而同时在座的其他人比较俗气一点，谈天说地，问题无非是饮食男女，或出语粗俗，言不及义，使较有修养的人不屑一顾，因此他才独自躲在一角。只要你知道其症结所在，应付是不难的，你可以在几句谈话中探得他的学问与兴趣如何，然后再与他谈论下去。只要你有高明的问话技巧，就可以争取到一个增长你学识的机会。他见你谈吐不俗，易引你为知己，如此一来，僵局就打开了。年纪较大或较小的一类，亦因兴趣不同，故趣味不相投合，原则上可以运用同样的方法。

在社交上，说话恭敬，对人客气，是一种美德，但不分青红皂白的恭敬和过分的客气，就不合适了。假如你到一个朋友家里，你的朋友对你异常客气，你每说一句话，他只有唯唯附和，每和你酬答时，总是满口客套，唯恐你不高兴，唯恐得罪你。如此一来，你一定觉得如芒在背，坐立不安。这情形你大概经历不少，同时你就得想想，你曾如此待客人吗？虽然是客气，但这客气显然只会给人痛苦，"己所不欲，勿施于人"，请大家谨记。开始会面时的几句客气话倒不成问题，若继续说个不停就不太妥当了。谈话的目的在于沟通双方的情态，会增加双方的兴趣，而客气话，则恰恰是横挡在双方中间的墙，如果不把这墙搬走，人们就只能隔着墙作极简单的敷衍酬答而已。

朋友初次会面客套后，第二、第三次的见面就应竭力少用，否则真挚的友谊必难以建立。客气是表示你的恭敬或感激，不是用来敷衍朋友的，所以要适可而止，多用就流于迂腐、浮滑和虚伪。有人替你做一点小事情，譬如说递过一杯茶，你说声"谢谢"往往也就够了。说客气话的时候要充满真诚，把平时对朋友的客气话改为坦率一点，一定可以享受到友谊之乐，像背熟了似的冲口而出的客气话，最易使人讨厌。说话态度更要温雅，不可急促紧张。还有，说时要保持身体的均衡，摇头、摆身作态来帮助你说话的表情，并不是一件雅观的动作。

在社交上，缺乏真诚的客气话，必不能引起对方的好感。"久仰大名，如雷贯耳""小弟才疏学浅，请阁下多多指教"。这些缺乏感情的、完全公式化的恭维话，若从谈话的艺术观点看来，非加以改正不可。言之有物是说一切话所必备的条件。说恭维赞美的话一定要切合实际，到别人家里，与其乱捧一场，不如赞美房子布置的别出心裁，或欣赏墙壁上的一张好画，或惊叹一个盆栽的精巧，要主人喜欢，你要一无成见地认同别人的兴趣。主人爱狗，你应该赞美他养的一条狗；主人养了许多金鱼，你应该欣赏那些鱼的美丽。赞美别人最近的工作成绩，最心爱的宠物，最费心血的设计，比说上许多无谓的虚泛的客气话要好得多。

对一种事物关心，除了欣喜之外还觉感激。"士为知己者死，女为悦己者容"，钟子期死后，伯牙终身不再操琴，其感恩知己所以如此之甚者，除了两人有相同的爱好外，子期能在他内心的深处，给他真挚的赞美。因此，善于说话的人，每每因一句赞美的话说得适当，就为他的前途奠下了一个基础，并非奇事。从内心说出来敬佩别人的话，才有意思。如果对方没有清楚地研究过，就不能盲目地恭维，不切实际的恭维是容易使人讨厌的。对一个有地位名望的人，赞美时所用的字词应当慎重考虑。首先要想到，一个名人之所以能够成为名人，一定是他在某一项工作上有特殊的贡献，而在他成名之后，恭维他工作的人一定很多，积久生厌，你依葫芦画瓢用别人所用过的话来恭维他，是不会使他开心的，这些他听得太多了。

有成就的人，对于他的工作已成习惯，你的恭维若不能别出心裁，一定不能打动他的心。对这种人，最好拣工作以外的事情去赞美他。要欣赏他那些不太为别人所知道的，却是他自以为得意的事情。你不要以为既然不去恭维，不怕得罪人家便乱说，那就错了。不由衷的话，很容易出问题。正如你不能随便看见女人就赞美漂亮，如她知自己实在是不漂亮时，心里也许会觉得你是浮滑。对女人，你不妨赞美她漂亮，或说她活泼，或说她苗条，或说她健美，或赞美她的聪明才智与幽默，或恭维她家务处理得井井有条，教育儿女有方等。同是女人，各有不同长处，虽是赞美，也要加以选择。因此，恭维话一不能乱说，二不能常常用同一方法，还有要注意的，就是不可多说。

在人际交往中，有些人不喜欢听取别人的意见，心目中只有自己，而且自以为比别人高明，事事要占上风，然而，即使你真的比别人高明，这种态度也是要不得的。你不为对方留一点余地，好像要把他窘迫到无路可走，才觉得满意。这种习惯使你自绝于一切的朋友和同事，没有人肯提供你意见，更不敢向你进一点忠告。首先你要明白，在日常谈论的十有八九没有绝对是非标准的问题当中，你的意见不一定是对的，你为什么每次都要反驳别人的呢？有这毛病却是聪明人居多数，想从自己的思想中提出更高超的见解，以为如此可使人敬服，但一些平凡的事实，是不必费心做更高深的研究，至少我们日常谈话的目的，是消遣多于研究的，又不是在严肃地讨论问题，何必在琐屑的事情上争执呢？因此，你要注意在轻松的谈话中不可以太认真。

谈话的目的在于想知道别人对某一件事情的意见是否和自己相同。他们希望别人也能和他们一样地对某一事物有同样的看法，同时他们发现你的意见和他们的略有出入或是大同小异时，他们也很有兴趣。如果谈话双方的意见一致，他们会感到一种同情的安慰，如果发现有差异时，他们也会感到这是一种刺激，能引起他们互相辩论。因此，当你听见别人的意见和你一样时，你要立刻表示赞同，不要迟疑。不要以为这样做，会被别人认为你是随声附和，就不出声了，这样，虽然不会被别人误解为随声附和，可是却容易使人误以为你并不同意。当你听到别人的意见和你不一致时，你也要立刻表示你什么地方不同意，不要迟疑。

成功者都是说话高手

从某种程度上说事业的成功和失败，往往和某一次的谈话有关，这话绝不是危言耸听，富兰克林的自传中，有这样一段话："我在约束我自己的时候，曾有一张美德检查表，当初那表上只列着12种美德，后来，有一个朋友告诉我，说我有些骄傲，这种骄傲，常在谈话中表现出来，使人觉得你盛气凌人。我立刻注意这位友人给我的忠告，我相信这样足以影响我的前途，然后我在表上特别列上'虚心'一项，以引起自己的注意，我所说的话，我决定竭力避免一切直接触犯别人感情的话，甚至禁止自己使用一切确定的词句，像'当然''一定''不消说'……而以'也许''我想''仿佛'……来代替。"富兰克林又说："说话和事业的进行，有很大的关系，你如出言不慎，跟别人争辩，那么，你将不可能获得别人的同情，别人的合作，别人的帮助。"这是千真万确的，一件事情的成败，常会在一次谈话中获得效果。因此，你想获得事业上的成功，必须具有能够应付一切的说话能力。

在事业上，有些谈话是比较严肃的。谈话的目的，不只是一种社交上的需要，也不只是互相认识和了解一下。例如，你找一位朋友，请他参加一个团体，或是一个社区工作者出去调查一个家庭，或是买卖双方谈生意上的事情，这一类的谈话，究竟和一般社交性质的谈话有什么不同呢？有些方面，二者是一样的，如你要具有一般的谈话能力，你要能够适应对方，尽可能地了解对方的特点，你要有兴趣，态度要友好而又真诚等。有些地方却是不同的，就是这类谈话，每次都有一个特殊的目的。

要使别人瞧得起自己，先要自己瞧得起自己。无论目前生活如何困难，决不可露出乞怜的样子。你可以谦逊，但绝不可谄媚。不可单是唯唯诺诺，使人觉得你无一动人之处。当别人试探你的能力时，简单作答是必须的条件。发表意见时不可随意批判别人的工作方法，更不可告诉对方说你的计划一定成功，自诩如果雇用你时，必可使业务改良发展等语。这只能让对方心里称许，不应由自己说出的。说明你的能力而不流于自夸，得失仍应该让对方去评判。这样，即使你的见解不和他相符，希望仍不会失掉。自亏必连带着固执，这态度只有使人厌恶。去访问一个人，把目的简单地说出之后，你应该就可以走了。即使环境许可你逗留一些时间，也应该立刻把话题转到别处。只要让他知道你的目的、你的能力、你最低限度的报酬等，以后的事，让对方从容处置吧，不可啰唆地缠下去，没有人对这种事情发生长久的兴趣。如果机会有的话，它必属于那些讨人喜悦的人。

有一个人对商业广告极有研究，有一次，他以求职的目的去拜访一个大公司的经理，会面以后他始终没有把谋职的意思说出。他只和经理谈天，他在巧妙的谈话中尽量地把广告对于商业的重要和其运用的方法说出，他举了许多有力的例子，他丰富的学识引起了经理的兴趣，结果他没说出谋职，反而由经理主动请他替公司设计广告事务，他的目的达到了。这就是仅凭一席话给自己创造机会的人。他有才干，而且懂得怎样用巧妙的谈话去寻找他发展才干的职位。另外，还有一个青年应聘一家洗衣机厂的职位，他对于此原是外行，但为了去应征，他预先调查好了国内洗衣机厂的产品数量和销售市场，外国洗衣机在市场上的地位，以及各洗衣厂产品的比较，与各竞争厂家的营业情形等。当他应聘时，他对于洗衣机行业的研究广博使主持者大感兴趣，在几十个应聘者当中他脱颖而出，顺利地被录取。因此，预先准备一些能使对方发生浓厚兴趣，同时表现你对这种职业才干的谈话资料，往往能帮助你成功。

工作时间或应聘工作的洽谈，所需要的是你爽朗和冷静的一面。谋取工作的主要关键，在于你究竟多想谋取工作。应聘工作的洽谈，最重要的是展示自己的资格和能力，打肿脸充胖子的行为是不宜的，这只能瞒骗一时，如果应聘工作的洽谈令人胆战心寒，那也许是你深深地明白自己肚子里究竟有几滴墨水的缘故。工作洽谈不是社交拜会，不宜摆一副安逸的姿态。谈话的范围守在一定的界，不要谈办公室的陈设，不要谈对方的一身装束。应聘的洽谈时间有一定的限制，你必须把你的资格和能力，浓缩在一个很短的时间内交代清楚，所以准时就是你所受训练、教育及能力的最佳证明。

在工作中，不要摆一副冷面孔，尽量减少情绪上的困扰和不切实际的空想，谈谈工作上所需要的知识，谈谈工作上的经验，要诚心诚意的，不存任何的成见，与同事必须彼此敬重、礼貌、关心。当一个人略显慌乱或口吃的样子，其他的人应开口为他解围，及时帮他解脱窘境。不在工作场合卖弄风情，不在工作之时谈及他人的私生活。

有些人常不小心地制造难堪，比如当他们与胖子谈话时，不知怎的，他们就会把话题扯到甜食、肥胖的身材、脂肪等。有些人因害羞，则常遭受另一种的痛苦。对这些害羞的人，我们既不忽视他也不过分注意他，忽视会使他更不自在，过分注意又会使他更难过。如果这时对他说个笑话，弄得大家都乐，他也会说起笑话来的。

失言是常有的事，此时，不要虚张声势，除非你遭遇的情势已牵涉到别人情感的问题。你应该立即承认自己犯了错误。你认错就不致使情况更加恶化，而且你很可能还有所收获——现在有勇气说"我错了"的人已经不多，敢说我错了是能赢得敬重的。

高智商不等于高情商

小溥是某高中的学生，他的成绩一向都十分优异，初三时因成绩突出成为多所省级示范高中理科实验班争夺的对象。进入高中后，他用绝大部分时间和精力主攻数学，希望获得全国大奖走保送上名牌大学的捷径。

一年前，小溥代表全省参加全国中学生数学竞赛，获得了二等奖。他无法接受未拿一等奖的现实，从此一蹶不振，一次次向自己举起了利刃，一年内割腕、割颈十余次。幸好每一次都被身边的人及时发现并送医院。

对此，小溥的父亲痛心疾首。他介绍说，儿子会走到这一步，主要和家庭教育有关。儿子从小智力发展就很不错，有些自视过高，比较怕吃苦，父母对他也比较溺爱，儿子的要求从来都是尽力满足，这种以儿子为中心的教育方法也使得儿子很少顾及其他人的感受。最后，他总结说，没有重视儿子的情商培养，是他教育儿子过程中最失败的一点。

所谓情商，就是"情绪智商"，用以描述一个人对自己和对他人的情绪的认知和控制，被誉为除智商以外，人的另一个生命科学的参照元素。它表现了一个人的同情心、情感表达能力、自控能力、人际交往能力、适应性、独立性、受人欢迎的程度，是否善良、友爱、尊重他人，是否能承受压力、坚持不懈及自我激励能力等个性特征。它是一个人控制自我情绪和调节人际关系的能力，是一个人成功的关键因素之一。如果一个人性格孤僻、怪异、不易合作；自卑、脆弱，不能面对挫折；急躁、固执、自负，情绪不稳定，他的智商再高也不易有所成就。

传统观点认为，一个人能否在一生中取得成就，智力水平是第一重要的，即智商越高，取得成就的可能性就越大，但现在心理学家们普遍认为，情商水平的高低对一个人能否取得成功也有着重大的影响作用，有时其作用甚至要超过智力水平。20 世纪 30 年代，美国最高法院大法官霍尔姆斯和时任美国总统罗斯福相识后，他就对美国总统有了一个非常有名的概括："拥有二流的智慧，一流的情商。"很多历史学家都很赞成这个观点，一致认为罗斯福的成功得益于他的情商。面对复杂的环境、利益的纷争和变化的矛盾等，情商的力量使得他们在其中游刃有余。

姜小姐和赵小姐同样在市场上经营服装生意，因为没有经验，她们没有选好进入市场的时机，她们开店的时候正赶上服装生意最不景气的季节，即正值服装销售淡季，结果不但自己店里的服装卖不出去，销量少，而且每天还要交房租和市场管理费，最后，她们的服装店不但没有盈利，反而天天赔钱。

初次经商的失败使姜小姐选择了退出服装行业，最后以赔了5000 元钱的价格把自己的店转让了出去，并发誓自己从此不再做服装生意。而赵小姐却不这样想，经过一个季度的经营，赵小姐认真地分析了自己的情况，她觉得自己赔钱是正常的：一是自己刚刚进入市场，没有经营经验，抓不住顾客的心理；二是进入市场的时间不好，赶上服装经营的淡季，每年的这个季节，做服装生意的人都不赚钱，只不过是因为她们有丰富的经验，经营策略合理，才能够维持收支平衡罢了，自己再继续努力，很快也会像其他生意人一样盈利的。通过分析，赵小姐对自己很有信心，她知道自己适合做服装生意，因此照旧进货、经营店面。果然，度过服装业的淡季后，赵小姐的服装店开始盈利了。3 年以后，赵小姐已成为当地有名的服装生意人，每年有 6 万元的红利，可谓事业有成。反观姜小姐，她在退出服装业后经过几次改行，每次都因为经商失败而退出，她从没有反思过自己的经历，因此仍然没有成功，对自己的事业依旧一筹莫展。

科学家研究发现，大脑控制情绪的部分（边缘系统）受损的人，可以很清晰和符合逻辑地推理和思维，但所做出的决定都非常低级。科学家因此断定，当大脑的思维部分与情感部分相分离时，大脑不能正常工作。人类在做出正常举动时，是综合运用了大脑的两个部分，即情感部分和逻辑部分。一个高情商的人是会综合利用大脑中的各个部位的，并在大多数情况下运用其大脑皮质部分。

下面，让我们来看看"高情商""较高情商""低情商"和"较低情商"的人的区别：

1. 高情商

尊重所有人的人权和人格尊严；

不将自己的价值观强加于他人；

对自己有清醒的认识，能承受压力；

自信而不自满；

人际关系良好，和朋友或同事能友好相处；

善于处理生活中遇到的各方面的问题；

认真对待每一件事情。

2. 较高情商

是负责任的"好"公民；

自尊；

有独立人格，但在一些情况下易受别人焦虑情绪的感染；

比较自信而不自满；

较好的人际关系；

能应对大多数的问题，不会有太大的心理压力。

3. 较低情商

易受他人影响，自己的目标不明确；

比低情商者善于原谅，能控制大脑；

能应付较轻的焦虑情绪；

把自尊建立在他人认同的基础上；

缺乏坚定的自我意识；

人际关系较差。

4. 低情商

自我意识差；

无确定的目标，也不打算付诸实践；

严重依赖他人；

处理人际关系能力差；

应对焦虑能力差；

生活无序；

无责任感，爱抱怨。

本事小，脾气就不要太大

没本事，还爱发脾气的人，说到底，还是情商不行！很多人，明明管理不好自己的情绪，却把自己的牢骚、抱怨，甚至是谩骂当作真性情。

谁没有觉得压抑的时候，谁没有受伤的时候？所谓脾气好的人，就是指有能力处理自己的负面情绪，并反思自己的问题，然后能理智地面对生活的人。通常，他们有了不良情绪，会想办法去化解，或是通过某种方式发泄，而不是看什么都不顺眼，见谁都想唠叨几句，肆意发泄自己的不满，抑或把坏情绪带到生活与工作中。

而情商低的人，经常会不经任何处理，简单粗暴地把坏情绪传递给别人，甚至是自己的亲密伴侣，或者说，他根本没有自我克制的意识，只要自己有一点不爽，就要发泄出来，就要让所有人都知道：我遭受了"不公正"的待遇，我很生气，我有很多"道理"要讲……其实，这是自私，是为自己想得太多，为别人想得太少。

台湾学者南怀瑾先生的《论语别裁》中一段关于脾气的文字，十分精彩有趣：上等人有本事没脾气，中等人有本事有脾气，下等人没本事有脾气。以本事将人分高下，早已有之，但从脾气维度来品评人物，则别出心裁，足见脾气与人的雅俗高下颇有关系。心理学家则更细致地从脾气上把人化分成四等，依次排为：有本事没脾气，有本事有脾气，没本事没脾气，没本事有脾气。

生活中，第一等人是绝对的高情商。大多数人属于第二等人，即有本事，有个性，也有脾气。有的人貌似第一等人，平时基本不发脾气，一旦发起脾气来却更疯狂，这说明他的情商还是不够高，不发脾气，说明他一直在隐忍。忍对身体不利，要么把火发出来，要么争取做第一等人。对第二等人来说，等他们什么时候豁达了，做事也就没那么急躁了。而第三等人中，经常会有一部分人蜕变成第四等人，没本事的人被生活压力所折磨，渐渐就有脾气了，而且会变得越来越暴躁！细心观察，你肯定会发现，自己的朋友、同事也主要是由这四种人组成。多与第一种人相处，往往本事见长，脾气渐小。

越是有本事的人，说话办事越会表现出较高的情商，你见过哪位高级领导人会随便发脾气？你见过哪位知名学者对人讲粗话吗？几乎没有，因为他们不只有水平有胸怀，而且有非常高的情商。

如果以为有本事有地位了，就可以发脾气，那就大错特错了。比如，你又升职、加薪了，或者是公司的技术骨干，或者是企业负责人，这说明你有些本事，有两下子，这是好事，但不能说，你就是一个高情商的人，甚至连发脾气都带着高情商。

有一位老板很能干，但就是事业做不大，原因就是爱发脾气。平时，员工在工作中出现一丁点问题，他也要进行批评教育，而很少会鼓励、纠正，他的口头禅就是：

"这点小事都做不好，你还会做什么？"

"要么给我好好干，要么给我滚蛋！"

"这件事让我很生气，你们必须做出检讨。"

……

许多时候，使他非常生气的都是一些鸡毛蒜皮的小事。例如，员工手机没有调成静音；上卫生间的时间超过 10 分钟；或者多用了一张打印纸。

生活中像这样的人有很多，他们缺少心胸，没有气量，永远看不到别人的付出与努力，眼中只有麻烦与问题，心中只有脾气，说到底还是情商不够高。越是成功的人，越会看到别人为自己做出的努力和牺牲。正如《十五的月亮》中唱到的那样："丰收果里，有你的甘甜，也有我的甘甜；军功章啊，有我的一半，也有你的一半。"

当然，也不能说一个常发脾气的人，他的情商就一定很低。因为情商高并不等于压抑情绪，不发脾气。曾经有一部热播的电视连续剧《亮剑》，故事中的主角李云龙有一个特点，就是爱发脾气，但是，他能别人所不能，常常能够出奇制胜。李云龙发完脾气，马上就会打一场漂亮仗，让敌人闻风丧胆。看似他是个性情中人，做事冲动，其实，他所做出的每一个决定都是经过深思熟虑的，绝非意气用事。

对于下属，李云龙赏罚分明，而且会利用一切机会将能干的下属介绍给自己的上司，当着上下级的面称赞下属，或是主动推荐，让下属有更好的晋升机会。因此，士兵们觉得跟着他打仗痛快，而且很有奔头。

可见，发脾气也不全是坏事，也不能说明情商低，关键是你得有发脾气的资本：为什么发脾气，在什么情形下发脾气，发脾气达成了什么目的，发脾气的目的能否让人服气、明理，能否鼓舞士气。如果不论场合乱发脾气，或者只是为了发泄负面情绪而发脾气，那就是典型的低情商。

一定不要让人生输给了心情。无论你有多么聪明、多么富有、多有权势，永远不要让脾气大于本事——如果你是对的，你没必要发脾气；如果你是错的，你没资格去发脾气。

善于控制自己的情绪

达到完满人生的首要条件是健康，因此，精神和身体的健康都要依靠适度的自我调节。我们的饮食、思想和情感塑造了我们的身体，或者增加或者减少了身体的力量和活力，这是一条公认的法则。因此，一个人要保持良好的身体状况，除了有节制的饮食外，还必须控制自己的情绪，特别是要节制负面的思想感情。

自制不仅是一种策略，而且可以说是一种美德。有人对美国各监狱的16万名成年犯人做过一项调查，发现了一个事实：这些不幸的男女犯人之所以沦落到监狱中，有百分之九十的人是因为缺乏必要的自制，未能把他们的精神用在积极有益的方面。缺乏必要的自制，不仅巨大的逆境会将你压垮，而且一个人——不管是有教养的绅士还是一个目不识丁的人，都能够轻易地将你打败。

有了较强的自制力，可以使人具有良好的人格魅力，增强自己的亲和力，更容易得到别人的认同，拥有更多的朋友和知己，使自己的交际范围更为广泛，在与朋友的交往中学习别人的优点，吸取别人的教训，进一步完善自我。

自制力可以使我们激励自我，从而提高学习效率；也可以使自己战胜弱点和消极情绪，从而实现自己的理想。怎样培养和增强自制力呢？从理论上讲可以从以下几个方面进行。

1. 认识自我，了解自我，深入自己的内心

人最大的敌人不是别人，而是自己。只有正确认识自我，在取得成绩时，才能保持平常的心态，不会因此而骄傲自满，对自己的能力进行过高的估计；只有正确认识自我，在遇到挫折和失败时，才不会被其击倒，一如既往地为着自己既定的目标而努力，不会对

自己进行过低的评价。任何人都不可能一帆风顺地就成功了，也没有任何事情是不需要付出努力就能完成的。当我们遇到挫折时，当我们因为各种原因而后退时，我们就必须重新认识自我，只有在正确认识自我的基础上，我们才能重新找回自己的航行坐标，朝胜利的方向前进。

我们随便找几个人问他们了解不了解自己，得到的回答一般说来都是肯定的。很多时候，人们总是认为自己对自己最为了解，其实，你真的了解自己吗？不，其实很多人根本不了解自己，根本不能正确地认识自己。

很多时候，我们总认为自己是对的，但当事情有了结果之后，我们才发现自己的错误，我们常常以为自己完全了解自己，其实我们是被自己蒙蔽了，或者说我们自己不愿意去正确地认识自己，我们情愿被自己的表象所麻痹。

怎样才算是认识自己了呢？认识自我，就是对自己的性格、特点、长处、短处、理想、生存目的、价值观、兴趣、爱好、憎恶、心理状态、身体状态、生活规律、家庭背景、社会地位、交际圈、朋友圈、现在处于人生的高峰还是低谷、长期或短期目标是什么、最想做的事是什么、自己的苦恼是什么、自己能做什么、自己不能做成什么等方面做出正确全面的综合评估。

2. 学会控制自己的思想，而不是任由思想支配

人的具体活动，都是由思想进行先导，每个行为都受着思想的控制，有的是无意的，有的是有意的。但是，思想是构建在肢体之上的，它必须起源于我们的身体。在思想控制活动之前，我们就一定要先主动积极地对其进行正确地引导，或者控制，修正其中的错误，发出正确的行动指令。这样，我们的行为才会减少冲动因素，使我们的情绪更为稳定，能更为理性地看待问题。

要想控制思想，让其受我们自身的驾驭，就要知道自己想做什

么，能做什么，不能做什么。当明确了这些之后，我们在思想上就可以为自己的行为定下一个准则，利用这个准则来指导自己该做什么，不该做什么。

要想掌控自己的思想不是件容易的事情，在活动进行的过程中，我们原先为自己定下的准则会时不时地受到各种因素的影响，使得我们所坚持的准则开始动摇甚至坍塌，所以，在活动进行的过程中，我们要时常检讨自己的行为，思考自己的得失，减少冲动、激进的心理，这样才能重新夺回思想的控制权，使自己的行为更为理性。

3. 树立远大的目标

一个有远大目标的人，不会理睬身边的嘈杂而专注前行。勾践因为有复国雪耻的目标，因此不会因为夫差的羞辱而冲动。

因为有了努力的方向，所以不会盲目行动；因为身负重任，所以心无旁骛地前行。有了自己最想完成的目标，我们的思想和行为或多或少都会受其影响，在一定程度上可以矫正我们的思想和行为，将会对自制力的增强起到积极的作用。

测一测：你会说话么

在本章的最后，让我们检测一下自身的说话能力，然后有的放矢，不走弯路，用最少的时间，且最有效的方法使自己成为说话高手。

以下的测验能帮助你真正了解自己的表达能力与说话技巧。不管你对自己的说话多么有信心，都建议你先向自己挑战，诚实回答以下的测验。

第一部分的测验有 30 题，请仔细阅读每一题的叙述，"4""3""2""1""0"分别代表你与上述情况相似的程度，"4"表示此叙述非常类似你的情况，"0"则表示一点也不像你的情况，依次类推，做完题目并统计得分后，再参阅后面的解释。

1. 人们常称赞我口才好，非常会说话。

2. 我总是能很自然地和初次见面的人侃侃而谈。

3. 我曾仔细地分析与研究自己的说话方式，以及谈话时的优缺点。

4. 我曾很认真的思考要用什么方式增进我的表达能力与说话技巧。

5. 我非常喜欢待在说话场合，并且总是能清楚地表达我的看法与意见。

6. 我在谈话时，总是让人觉得我很有诚意。

7. 在谈话的过程中，我总是能找出一些话题，让相谈甚欢。

8. 有我的场合，很少会有尴尬的冷场，因为我很会引导谈话。

9. 我总是很认真聆听对方说什么。

10. 在我的谈话过程中，总是很容易吸引别人的注意力。

11. 我总是能察觉谈话对方的情绪，来选择最适当的谈话内容和方法。

12. 每次说话时，我总是很有自信地，不疾不徐地说出我要说的话。

13. 每次说话时，我总是清楚地知道自己要说什么，而且能清楚地让别人明白我要表达的意思。

14. 我说话时，总是非常有组织和条理，不会东说一句，西说一句。

15. 说话时，我总是注意自己的表情、眼神、肢体语言、声音和语调。

16. 人们总是说当我在谈话时，很能设身处地地替对方着想。

17. 能和别人畅谈各种话题。

18. 在叙述故事或经历时，我总是会用各种手势与表情来加强我表达的效果。

19. 我常常运用我良好的说话能力留给别人深刻的印象。

20. 我觉得我的"口才"是我极大的优势之一。

21. 无论在班上或办公室，人们总是很习惯由我代表发言或起来说话。

22. 因为我的幽默感，所以有我在的地方总是充满欢笑。

23. 我很清楚什么样的说话特质会受人欢迎，而我也拥有这些特质。

24. 我总是能在任何时间、任何地点自然轻松地赞美我身边的每一个人。

25. 我可以从别人的肢体语言中了解他的想法。

26. 我是个非常有说服力的人。

27. 当我讲话的时候，自然会有一种魅力散发出来。

28. 我说话时，有很独特的个人风格。

29. 当我站在众人面前做报告或演说时，总是觉得轻松和自在。

30. 我有很强的分析与归纳能力。

第二部分的测验共有 10 道问句，每个问句有 4 个答案，请您根据每个问题，在 4 个问答中选出你状况最符合的一个；请注意，答案是单选，所以你必须慎重考虑每个答案，选出和你情况最契合的一个。

1. 当别人谈到我的表达能力与口才时：

a. 总是说我是个口才相当好，非常会说话的人。

b. 觉得还不错，可以将意见与看法清楚表达。

c. 比以前有进步，但是还要多加油。

d. 总是说口才是我最大的弱点，应该要努力加强。

2. 当我在表达快乐或哀伤等情绪的时候，周围的人：

a. 很容易受到我的情绪感染，而跟我产生同样的情绪。

b. 或多或少会受到我的影响，而且影响的程度不轻。

c. 受到我的影响，但影响的程度很小。

d. 完全不会受到我影响。

3. 当我有机会要开始谈话时，我会：

a. 先想清楚谈话的目标以及自己要说的话，然后找机会说出来。

b. 大概想一下要说什么话后说出来。

c. 想到什么就说什么，没机会就不说了。

d. 尽可能地避免在别人面前开口说话。

4. 当我临时被指派上台说话，我会觉得：

a. 哇！太棒了，一定要借这机会好好表现一下。

b. 还不错，刚好给自己练习的机会。

c. 糟糕了，我一定会紧张得不得了。

d. 找尽理由与借口逃避，因为我最怕的就是上台演说。

5. 当我在一个陌生的社交场合的时候，我通常：

    a. 主动地去认识新朋友，并向他们做自我介绍。

    b. 遇到必要的时候，才和别人认识并介绍自己。

    c. 能避免就避免，顶多就是点头微笑。

    d. 躲在角落里，不跟别人接触。

    6. 每次在重要场合说话时，我都：

    a. 表现得非常得体，也总是知道什么时候要说什么话。

    b. 应对的还不错，不会出现什么大的错误。

    c. 勉强上阵，然后发觉自己的说话技巧真是该好好加强了。

    d. 常常手足无措，恨不得找个地方躲起来。

    7. 当我在说服别人某件事或某个观念时：

    a. 别人总是很容易把注意力放在我身上，而且在不知不觉中被我说服。

    b. 花了一番功夫，别人才会被我说服。

    c. 常常会说服不了对方，而跟对方发生争执。

    d. 常常在不自觉中，反而被对方给说服。

    8. 关于如何自我训练，以提升我的口才，我：

    a. 知道该怎么做，而且已经采取行动了。

    b. 大概知道该怎么做，但还没有开始行动。

    c. 知道要加强，但是并不清楚要怎么进行。

    d. 从来没有警觉与想过这个问题。

    9. 当我在和别人谈话时，我总是：

    a. 很能设身处地地替对方着想，发挥"同理心"。

    b. 尽可能的注意对方，并且表现得很专心的样子。

    c. 常常没有耐心听下去，或是常常不能专心。

    d. 常常顾着自己说话，而忽略对方的感受。

    10. 对于谈论我不熟悉的话题时，我通常：

    a. 先听听别人怎么说，然后很快便能举一反三，说出自己看法。

b. 要一段时间，才能渐渐抓到主题，发表一些看法。

c. 直到一定要我说话，我才发表意见。

d. 绝对不发表任何意见，以免出丑。

以上"自我体验"共 40 道测验，第一部分 30 题，每一题为 0—4 分，请根据你的回答将总分加起来，第二部分 10 题，每题 a 的选项为 4 分，依次序递减，然后将两部分的总分加起来，就是你目前的"说话能力指数"：150 分以上表示你的表达能力与说话技巧已属上乘，建议你考虑运用你自己良好的口才多做发挥。

第二章
举止优雅，身体是最会说话的

肢体也是语言的一种，它们是塑造"你是一个什么样的人"的重要成分，高情商的人懂得沟通中非语言的力量，也会因地制宜地监测和调整自己的肢体语言。肢体语言往往直接体现了一个人的气质、性格、修养与能力。谈吐优雅，有品位的人，他们的肢体语言往往具有很强的亲和力。

身体是一张不会说谎的嘴

实验证明，一个人向外界传递信息时，只有8%是通过语言传递的，另外的37%是通过声调、语气等来表达，剩余的55%是通过肢体语言等信息来传达的。在传达信息时，肢体语言是人们下意识的举动。姿势是无声的语言，人们的身体语言虽然各具特色，而且这些姿势大都是无意识中显现出来的，但是从这些肢体语言中，却能读出人的心理活动。

肢体语言是人们内心活动的一种反映，不同的语言表示着不同的信息。要想了解一个人的内心，不妨读懂这些语言，这对了解一个人的内心是很有帮助的。

随着时间不经意的流逝，焦阿美觉得结婚就像一道美味的佳肴，吃得久了，便吃不出什么味道来了，焦阿美开始厌烦这样的生活。在这个时候，她遇到了一个男人，较之于丈夫的单薄和寡味，她看到了一个除丈夫之外全新的世界，她为自己能拥有这个世界而心动不已。

焦阿美终于下定决心，和现任不懂风情的丈夫离婚，和自己心爱的男人结婚。

可是，新的婚姻并没有给焦阿美带来长久的幸福，她很难相信，这个男人是个十足的坏蛋，不仅在外拈花惹草，还动不动施以家庭暴力。半年不到，她已经受够了欺辱。

这天，焦阿美又被打得遍体鳞伤，她顾不得漫天大雪逃了出来，无助的她只能求救于那个单薄而寡味的前夫。

前夫把她接到家中，两个人只是坐在客厅的沙发上长时间地沉默。沉默中，她拿出随身的小剪刀开始修理指甲，或许这把小剪刀用的时间长了，有些钝，不大好使。

"你把茶几上的那把新剪刀递给我用用，这把旧的不好使了。"她说。

前夫微欠起身子把剪刀拿在手里，转身递给了她。她突然大哭起来，就在前夫给她递来剪刀的时候。

她想起了半年前，她去见他的那个男人。两个人坐在客厅里开心地聊。

"吃个苹果吧。"男人很殷勤，在给她削苹果。

看到男人笨拙的样子，她说："我来吧。"

男人把刀递给了她，可是，就在她接过刀的时候，她的手指碰到了锋利的刀口，手被划破了一个小小的口子，血流了出来。

男人表示很歉意，很心疼的样子。她心里觉得很温暖。

就在那一天，她背叛了自己的丈夫。

今天，前夫在递剪刀给她的时候，刀柄冲着自己，刀尖是冲向他的。而那一天，那个男人是将刀柄冲着自己，刀尖是冲向她的。

"你怎么这样递剪刀呢？"她问。

"我一直都是这样递剪刀给你的，"前夫说："你总是那么大大咧咧，刀尖要是冲着你，你随手一接，还不把手给划破了。"

"是吗，我以前怎么没注意到？"她说，心蓦然像被什么东西又狠刺了一下。

"或许是太平常了吧……"前夫微扬起头故作轻松地笑，但最终还是低下头去。

时间仿佛凝固在了这一刻，她止不住泪如泉涌。是的，前夫一直是这么爱她的，前夫给予她的一直是刀柄之爱，不让她受到任何伤害。

递刀的方式不同，男人对她的态度也有所不同。人的肢体会说话，可以反映真实也可以揭露谎言。焦阿美要是早些注意两个男人的这些行为细节，或许就不会犯下这辈子难以弥补的错误。的确，不管一个人如何舌绽莲花，他的身体不会说谎。因此，在解读他人心意的时候，不要只听对方说了些什么，更要紧的是应有意识地观察对方的肢体语言，才能够较为真实地洞悉其内心。

不怕人掩饰，他的肢体会说话。聪明人应该注意人的肢体语言，从中解读人的内心世界。那么，该怎么看人的肢体语言呢？其实，解读人的肢体语言并不难，比如，人眉头皱起，目光专注，可能表示不悦、不赞成或者是表示关注、思索；紧紧地抿住嘴唇，往往表现出意志坚决。如果紧抿嘴唇，且避免接触他人的目光，可能表明他心中有某种秘密，此时不想透露。嘴唇常不自觉地张着，呈现出倦怠疏懒的模样，说明他可能对自己，对自己所处的环境感到厌烦。手臂交叉放在胸前，有时是因为觉得很冷，有时是因为过分的紧张或害羞，但也可以理解为"你所说的事情对我产生一种莫名其妙的威胁，使我拒绝再继续听下去"。人在说谎的时候总是不自觉的做出一些小动作来掩饰自己内心的不安，比如，如果一个同你谈话的人，常伴有掩嘴的手势，说明他也许正在说谎话。

另外，"出门观天色，进门看脸色"，面部表情是人类心理活动、情绪变化的晴雨表。在与人交往时，万不可对别人脸上的表情视而不见，而应该多份心，注意察看对方的表情变化，以快速地获悉对方的心理状况与情绪变化。

我们不要只听人说了些什么，更要紧的是要学会"破译"别人的肢体语言，才能够较为真实地洞悉人的真实意图和内心世界，才能够巧妙回应，打动对方。

最后，需要提醒的是，由于任何一种肢体语言都可能有多种意味，因此，在"破译"他人的肢体语言时不能孤立地，而应综合地去理解，才能够较为真实地洞悉一个人的真实意图和内心世界。

暴跳如雷，你完蛋了

人类是情绪化的动物，也可以称之为感情动物，这是与任何其他动物的一个很明显的不同。其实动物也是有感情的，我们之所以讲人和动物不同，原因之一是人类的感情较之动物要复杂得多，并不是因为我们是人就要抬高自己的身价，表现的与众不同，就是万物之灵长了。

情绪是可控的，如果不然，我们就不用花那么多的心思去了解微表情的知识。只要人的情绪体现的是内心真实的感受，那么这个问题就很好解决，只要好好看看，感受一下这个情绪是什么样，就能知道他在想什么，不是简单得多吗？不过这也只能想想而已。

人是有感情，有情绪的物体，但是人的大脑更是积极能动的，人的能动性也是所有动物里最好的，人的学习能力，模仿能力都是生物界的骄傲。

当一个人慢慢成长起来，就开始将自己的内心情绪隐藏，或者干脆用另外一种截然相反的情绪、感情来表示自己的想法，目的就是为了保护自己，因此单单从这个情绪本身出发来破解这时的内在心理，自然得不到正确的解答。对于解读一个人的性格和心理而言，这种伪装无疑增加了难度，但对于在社会的实际交往过程中而言，伪装也好，隐藏也罢，都是对社会的一种妥协，也是一种自我生存能力的一种提升。

从这个角度来讲，它是有积极意义的。年轻人如果在控制自己情绪方面做得不是很完美，还有能说过去的理由，如果入社会多年还是被自己的情绪控制，就会被别人当成是另类，或者被认为性格有缺陷。尤其需要说明的一点就是发怒，暴怒，这种状态是情绪失控的一种表现，人完全站在不理智的状态下将自己最真实，或者是最粗野的一面暴露无遗，不单单是给人留下不成熟、缺乏教养的印象，同时也等于是给别人留下了自己的短板。

从发怒本身来讲，它一般要经过几个过程。首先就是被激怒。可能是一句话，或者是一个行为，或者是一个眼神，一种态度，这些行为本身在别人那里可能并不至于达到让自己发怒，或者是怒火很大的地步，但他就忍不住。此时情不自禁地"怒打心头起，恶向胆边生"，破口大骂，或者是言辞犀利，或者是肢体冲突都有可能。这个时候别人的劝告基本上是没有任何作用的。

第一个阶段，他就往一个地方想，思路就在一个方向上，一条道跑到黑，不到黄河不死心，可能到了黄河也不一定就死心。往死了钻牛角尖，别人的劝解他都认为是替对方打掩护，在为对方辩解。这时候可能矛头不单单是针对之前的那个"对方"，谁搅和进来，他都有可能和谁干起来。

第二个阶段，开始变身成为"祥林嫂"，逢人就说，诉苦也好，咒骂也罢，就是不停地讲。听来听去，核心思想只有一个，他受了委屈，别人没有一点道理，理全在他这边。不管是家里人，还是亲戚、朋友、熟人，逮到谁是谁，只要能讲就好，就是为了发泄。由于在诉说的过程中，别人不可能像他一样没有理智，因此在听他讲的同时，也会用比较客观的态度和他分析事情的来龙去脉，然后说明如果碰到类似的情况应该怎么处理，不能如此贸然大动肝火，对解决事情没有好处，很有可能还丑化了自己的形象，但是他还是听不进去。虽然别人和他讲的时候可能提到了一些具体的实例，但是他心里坚持认为自己的情况和你们所讲的不一样，我是特殊的。

第三个阶段，这时候他开始反思了。不是因为自己的觉悟到了，而是前一个阶段自己和别人聊到这个问题的时候，他们的说法总是不能和自己的一致，这就是问题所在。难道是自己真的错了，错在哪儿了呢？人只要开始反思，开始理智，客观地面对事情，面对问题，很多道理根本就用不到别人来教导，很容易就明白了，毕竟生活中的事情复杂的并不多。反思中发现自己原来很可笑，很荒唐，怎么能接触这样的事情呢，简直不可思议。

第四个阶段，悔恨阶段。因为一开始自己就有问题，只是当时没有正确面对而已，所以对不起当事人，自己的熟人、朋友、亲人可能都得罪了，以后该怎么见人呢，还不如找个地缝钻进去得了。

第五个阶段，总结经验教训。不是所有的人，知道自己前面的行为过于幼稚，不可理喻，错误基本在自己一方，后面就不能再犯类似的错误，一定要改正等。就是这一类的想法。其实这个阶段总结的虽然很好，但如果下次再碰到类似的情况，十有八九他会再次动怒，原因是没有接受过更大的来自外界的教训。只有有一天，他因为这个问题吃了亏才会慢慢地改正，性格才会逐渐的转变。

对于那些暴跳如雷的朋友，对于微表情的分析都是多余的了，你在发怒的时候，其实别人已经完全控制了局面，因为他是理智的，你不是。你成了情绪的奴隶，他在驾驭情绪。从这个角度讲，你吃亏了，而且还很大，说你完蛋了，并不是没有道理的！

你的站姿，就是你的"问题"

仔细观察周边的人，你会发现每个人的站立姿态都有他们自己的特点。除了男女之间的区别之外，每一个人都有自己的鲜明特征。这个特点就像是一个人的外号一样，虽然这个外号不是他本来的名字，但已经和这个人有了深度关联，成了代表他的另外一个符号。

这种比较特殊的站姿不是个人故意做出来的，而是经过长久的时间养成的一种自己都不知道的行为方式。美国夏威夷大学的心理学教授认为，这些站姿和这个人的性格有一些非常紧密的联系。通过解读这些站姿，就能对性格做深度的剖析和挖掘。

第一，将两只手或者一只手放于臀部。这种人最典型的特征是顽固不化。而且这种性格将会伴随他的一生，很难改变，非常固执。而且对事情的看法很主观，不是客观的就事论事的类型，如果碰到不同意见，通常会说"反正我是这么看的……"；但是他们做事很稳重，绝对不会轻易地做出任何决定，一旦做出决定，必定是经过深思熟虑的。自主意识很强，他们有很好操控能力，有驾驭全局的本领。

第二，习惯性将两只手放到口袋中。他们属于内向型性格的人，很保守，你很少能听见他吐露自己的心声，哪怕是最要好的朋友也不例外。不过这类人一般城府很深，他人很难猜得到他们到底在想什么。多疑是这类人比较好的一张名片，如《三国演义》里的司马懿。他们做事讲究的是步步为营，稳扎稳打，而不是冒险求胜。他们的警觉性高于普通人很多，所以，如果你想骗这类人还是小心的好，说不定他早已经将你的心计看得一清二楚了。

第三，双手叉腰。这是很典型的一种站立姿势，这类人总是能给我们留下深刻的印象，他们开放、外向、自信，对自己有非常高的评价。这是一个开放型的姿势，说明他们在精神上有一定的优越感。同时这个姿势也表明，他对自己目前所处的环境感到很安全、舒适，或者说他对面临的问题有绝对的信心，不然是不会出现这个姿势的。

第四，气宇轩昂型。看上去就很有气势，有点古代将军出征的感觉，双目平视远方，腰背挺得直直的。这种站立姿势的人很开朗，外向型性格，也是非常有自信的一类人，看上去给人的感觉似乎这个人永远都那么开心，快乐。

第五，佝偻身体，腰弯下来。这种姿势多见于上了一定年纪的人，一般30岁以前的人很少有这种站立姿势。这是一种防卫性很强的姿势，如果年纪不是很大的人有这种站姿，说明此时他缺乏安全感，没有信心，很封闭，此时的生活态度也比较消极，似乎惶惶不可终日，可能是生活的压力太大，也可能是面临着重大的精神压力。

第六，两条腿交叉站立。这是一种轻微拒绝对方的表现。出现这种站姿说明这个时候对方对你的态度是有所保留的，并没有完全对你放开，所以，此时如果想得到对方的认可或者是想做更进一步的交流，那么就要想办法先让对方认可你，接受你。不过这种姿势也说明此时他缺乏自信，也可能是很拘束，对自己所处的环境并不是很习惯。

第七，背着手。这种站姿是一种典型的"领导者"心态。他很想作为一个领导人的姿态出现在众人的面前，很有自信心，对自己的成就（不一定是功成名就，一些小的成就也算）感到很满意。如果某人在一定的场合中背着手站着，就说明此时，他的居高临下的心态很严重，也可能他就是这个场合的主角。

第八，靠着墙站。有这种习惯的人并不是很常见，如果见到一个人很习惯这样站着，那么这个人很可能是生活非常不得意的一个人。要么是到处碰壁，要么是自己的目标很少有能达成的时候。在生活中，他们一直是失意者，自己也觉得很少有人像自己一样。他们一般很诚实，很坦白，对人没有太多的防卫，很容易接近，也很容易接受别人。

第九，有的人站在那里一直不断地改变自己的站姿，并不是因为自己很累，就是一种长期以来的习惯。这种人的性格特点鲜明，脾气暴躁，很容易就动无名之火。这类人一般生活中多压力，经常会有身心俱疲的感受。他们很喜欢接受挑战，并且思想并不稳定，经常改变自己的一贯想法，别人看起来很不适应，但是在他那里是常有的事。

一个人的性格体现在不同的方面，穿衣打扮、吃饭走路都有一定的讲究，经常研究、仔细琢磨，就会发现每个人的与众不同之处，从这些独特的微表情能解读对方的内心世界。

话可以慢说，头不能乱摇

日常生活中就点头与摇头这两个动作而言：一般来说点头是表示肯定的意思，摇头是表示否定的意思，但由于文化不同、地域不同，各地会产生差别。

保加利亚人在表示肯定时是左右摇头，让对方看见耳朵，否定时则先将头后仰，然后向前弹回；而在叙利亚，肯定时头先向前倒，然后弹回，否定时头先向后仰，然后弹回。点头除表示"是""肯定"之外，有时仅是向说话者表示"应和"的意思。认真的、有节奏的"应和"，是向对方表示"我正在注意倾听你的说话"。若是机械地应和，频频点头，至多表示形式上的敬意和礼貌，实际上对说话的内容不感兴趣。这个动作实际上表示对方对你的谈话主题不感兴趣。如果你此时还继续你原来的话题，对方就会频繁地变换架腿的动作，表示不耐烦了。

摇头表示一种否定，这种否定可以是针对他人，也可以是针对自己，然而，否定并不代表一切已经结束。也许它正是希望的开始！与置之死地而后生的意思相同。我们常说，世界上只有相对的事物，绝没有一定或肯定的事物。因而，否定也可以创造出肯定。

据研究表明：摇头是人们出生后学会的第一个动作，起源于襁褓中的哺乳时期，婴儿在吃饱之后，用来拒绝奶水或者其他食物。很显然，人们从孩童时候就已经开始用摇头来表达"不"了，因此，看到摇头的动作，人们很自然就会觉得那是拒绝、否定的意思。其实，这种理解很片面，轻则会让我们犯经验主义的错误，重则会耽误了我们的社交大事。

昨天，小李又遇见了上次在饭局上结识的王老板，王老板劈头就问："小李，你不是说要找我帮忙，怎么一直也没见你来呢？我可是一直在等着你的出现呢！"

听他这么一说，小李立马"晕了"，他不知道王老板葫芦里到底卖的是什么药，上次他在向王老板提及让其帮忙的事时，明明看见人家冲他摇了摇头，怎么这次又主动提出要帮自己的忙，这到底是怎么回事？难道王老板是在说客套话？但看他一脸真诚的样子，又不像是在敷衍自己。

他疑惑不解地问了王老板一句："王老板，我想问一下，您是真的想帮我的忙吗？"

被他这么一问，对方显然不高兴了，脸色阴沉地回答道："你看你这小伙子，我这么大个人了说话还能不算话？我是确实想帮帮你们这些有志气的年轻人啊！"

小李听到这里，索性把事情弄个明白，就又问了句："那我上次和您商量帮忙的事情时，怎么见您冲我直摇头啊，我还以为您是在拒绝我，只不过没有口头上说出来而已，所以，我就知难而退，没有再去找过您。您当时难道不是在拒绝我吗？"

王老板终于弄明白是怎么回事了，只听他大笑着说："你不知道，摇头是我的习惯性动作，我不光在拒绝的时候摇头，有时候，我希望别人继续讲话时也会摇头，吃到好吃的东西时也会摇头。这么看来，你这个小伙子是不懂心理学了，你可以翻翻心理学方面的书籍，那上面对摇头的含义做出了不同的解释，相信看过之后你就不会再那么单一地去看待我的摇头动作了。"

小李终于明白了，原来是他理解错了王老板的意思，这一错不要紧，白白地耽误了他这么长时间，要不然的话，他恐怕早就得到了王老板的帮助，渡过如今的难关了。

看来，思维定式真是害死人，要不是一味地将"摇头"当成是拒绝的意思，要是当初小李能多了解点心理学方面的知识，恐怕当时就不会对王老板的摇头动作做出主观臆断，认为是拒绝自己的意思，也就不会把自己找对方帮忙的计划给搁浅了，说不定，他的事业现在已经在王老板的帮助下上了一个新台阶了。

当我们将"摇头"具体到不同的场合，还会有不同的意义，因此，我们不能以偏概全，必须做到具体问题具体分析。心理学上，大致有以下几个方面的解释：

第一种情况：明显拒绝的意思。这时候，人们的头部动作会左右摇晃得十分明显，频率特别高，暗含着对对方所说的话非常不耐烦的意思，所以，这种拒绝的方式也最容易被我们识别。

第二种情况：虽然也是摇头，但是摇晃的幅度非常小，频率非常低。这实际上并不代表否定意味，反而还带着一种暗示，是听话者在暗示谈话人把话题继续下去，而他自己暂时没有发话的打算。甚至有些人在默许别人的一些话时，也会做出类似的动作。

第三种情况：密切注意那些口头上对你大加赞赏的人，注意他们有没有摇头行为，如果他们一边摇头一边对你说"我一定会考虑你""我很欣赏你的作品""我们会合作得很愉快"，那么不管他们的态度多么诚恳，他们的摇头动作都是他们内心消极态度的体现，这对你来说并不是什么好兆头，所以，你一定要对他们多留点儿神。

第四种情况：有些人会在得意的时候摇头晃脑，比如唱歌唱到高潮部分时，不自觉地会摇头，或者在品尝美食的时候，会一边吃，一边不断地摇头说："噢，真不错，真是美味。"

人生充满了太多的不确定性，但这一切的不确定中并没有绝对的否定与肯定，个中不乏蕴含的机遇与选择。重要的在于我们是否把握住了丝丝痕迹，是否懂得了摇头并不一定就是否定这一游戏变动的规律。

不经意的动作最能出卖你

一些不经意间所做出的肢体行为也为我们传达着某些真实的讯息！

之所以是不经意的动作，是因为经常容易被我们所忽视，被我们认为是很普通的动作，没有什么可以值得研究分析的，对于微表情来说，这是一种错误的观念。很多不经意的动作里面包含着很多不为人知的真实信息。日常生活中，有一些动作需要我们去注意。

1. 爱边说边笑的人

这种人与你交流时你会感到气氛十分的轻松愉快。他们阳光有朝气、性格开朗，对生活从不苛求，他们懂得"知足常乐"，富有人情味。感情专一，对感情格外珍惜。人缘口碑都不错，喜爱平静的生活。

2. 爱掰手指节的人

这种人总是有意无意地把自己的手指掰得咯嗒作响。他们精力较常人来说旺盛一些，和很多人都能谈得来，喜欢钻"牛角尖"。为人对事物较挑剔，对于自己喜欢做的事情，会不择手段、不遗余力地去干。

3. 爱腿脚抖动的人

这种人总是无意识地通过脚或脚尖使整个腿部抖动，他们很自私，很少为他人考虑，凡事功利性很强，做人也小气，对自己的认识却很清楚。勤于思考，能发现很多有建设性意义的观点。

4. 爱拍打头部的人

这个动作通常是表示懊悔和自我谴责。他们待人苛刻，但对于事业有高瞻远瞩、改革创新的优势。这种人心直口快，也容易得罪人，为人真诚，有同情心，爱帮助他人，但经常祸从口出、守不住秘密。

5. 爱摆弄饰物的人

这种人一般多为女性！性格比较内向，对于感情封闭的很严实。她们的另一个特点是心思缜密、做事认真踏实！

6. 爱耸肩摊手的人

这个动作表示了无所谓的意义。这种人为人热情积极，真切诚恳，富有想象力、创造力，喜欢享受生活，心胸开阔，努力追求幸福，渴望生活在和睦、舒畅的环境中。

7. 爱抹嘴捏鼻的人

习惯于抹嘴捏鼻的人，喜欢与别人开玩笑，却又不是一个勇于担当的人，沉溺于哗众取宠。这种人喜爱被人支配，渴望有所依赖，行事做人犹豫不决，不懂的抓住机会，选择时常拿不定主意。

肢体语言无疑是人类生产生活中的第二语言，其通过一定的行为可以传递较为明确的信息，在情感上、思维上传达一种心理行为的状态。

我们的手也是会说话的

我们可能见过，当父母训斥小孩子时，小孩子往往用小手揉揉眼睛，生气地噘起小嘴巴，有时还会低下脑袋避开父母的眼睛，但对有些父母来说，这种揉眼低头的动作会使他们更加激愤。有的父母面对孩子的谎言无计可施，但又想让孩子“坦白交代”，因此，就声色俱厉地对孩子喝道：“看着我的眼睛！说，你到底干什么去了？”其实，父母的这种逼问只能增加孩子的恐惧心理，恶化他（她）的消极态度，最后迫使他（她）溜出家门。事实证明，这种训斥孩子的方式只能适得其反。其实，小孩子在父母面前揉眼和低下脑袋的姿势动作已经说明他（她）在撒谎或有难言之处，如果他（她）的父母换一种方式，耐心对待，那么，想撒谎的小孩子很可能会向父母道出真情。

在人类的历史上，张开的手掌从来都是同真实、诚实、忠诚和顺从联系在一起的。许多宣誓的场合都是：宣誓人把手掌放在心口上。

在日常的交往中，人们常采取两个基本的手掌姿势。第一个是：手掌的掌心向上，乞丐讨钱要饭，就是采取这样的姿势；第二个是：手掌的掌心向下，表示向下压或者克制。

有一个最好的方法来发现某人是否坦诚，那就是看看他的手掌姿势。狗打架时，向胜利者露出喉咙，表示投降或顺从。人类这种高级动物也是这样，他（她）用自己的手掌表示类似的态度或感情。例如，当一个人想表示自己的坦率和诚实时，他（她）会把一个手掌或两个手掌向对方摊开，并说“我对你是完全开诚布公的”。像大多数身体语言一样，这完全是一种下意识的动作。它使你感觉到对方是在讲真话。当一个孩子撒谎或者隐藏什么东西的时候，他（她）总是把手掌放在背后。如果一个丈夫同孩子们在外面过了一夜，但是却不想把自己过夜的地方告诉妻子，那么，当他做解释时，他同样也把手掌藏在口袋里或者把手臂交叉起来。这样一来，藏手掌的动作可能使他的妻子感到他没有讲真话。

经理们常常告诉推销人员，当顾客解释他为什么不买这个产品时，要看看他的手掌，因为只有张开手掌时，他才会讲出真实的理由。

1. 故意利用手掌的姿势进行欺骗

有人也许会问："你的意思是不是说，如果我摊开手掌讲谎言，人们将会相信我？"回答既是肯定的，也是否定的。如果你摊开手掌撒谎，你仍然会使对方感到你不是真诚的，因为你说真话时其他动作不见了，而说谎时的一些负面动作不知不觉地会显露出来，这同摊开手掌的姿势是不一致的。上面已经说过，惯于撒谎的人和职业骗子形成了一种使他们的身体语言信号补充其语言谎言的特殊艺术。职业撒谎家越能有效地使用身体语言的伪装成诚实姿势，那么，他（她）的职业就越能获得成功。

当然，你可以练习张开手掌的姿势，使你在同别人交谈时显得比较可信。如果在交谈时，把张开手掌的姿势变成习惯性的，那么，撒谎就变得容易了。有趣的是，大部分人发现很难张开手掌撒谎。实际上，使用手掌信号，有助于制止别人可能提供的某些虚假信息，并鼓励他们对你坦诚。

2. 手掌的威力

最不被人们注意，但却是最有力量的身体语言信号就是手掌的姿势。手掌姿势如果运用得正确，可以赋予它的使用者一定的权威，对别人实行无声的控制。

命令的手掌姿势主要有三个：手掌向上、手掌向下和攥拳头。我们用下面的例子来说明这三个姿势的不同之处。如果你命令别人把一个箱子从房间的一处搬到另一处，你的声调是一样的，所用的词汇和面部表情也是一样的，唯一改变的是手掌的姿势。

手掌向上，用以表示顺从、无可奈何、没有威胁性的姿势，它使人想到街头乞丐乞讨的姿势。被要求搬运箱子的人不会感到有压力。

如果手掌向下，你将具有权威。被你要求的那个人会觉得，你是在命令他（她）搬运箱子，因而会产生敌对情绪；如果他（她）是跟你具有同等地位的同事，他（她）可能拒绝你的要求；如果你采取手掌向上的姿势，他（她）也许会答应你的要求；如果他（她）是你的下级，手掌向下的姿势也是可以接受的，因为你有权这样做。

手掌攥拳，伸出一个手指，好像一根大棒，迫使听话的人屈从于他（她）。伸出一个手指的姿势，最令人恼火。如果你习惯于这样做，最好练习一下手掌向上和手掌向下的姿势。这样会营造一种比较缓和的气氛，对别人产生较好的效果。

第三章
别输在说话上，表达要让人舒服

　　人与人之间交往，表达太重要了，一个善于表达的人，往往能在人群中轻松赢得别人的信任和好感。心理学界流传这样一句话：你的内心世界是怎样的，你的外在就是怎样的。为了表达而表达，会给人一种虚伪、不值得信任的感觉。

　　如果你没有高情商，不懂得如何恰当地表达你自己的想法，那就学会真诚。

理性地表达你的愤怒

人们总是被告知要避免愤怒，因为，据说发怒是非常有害的。事实上，愤怒是人际交往中的一种不可避免的情绪。关键是要采取适当的方式表达自己的愤怒。

愤怒是人在受到侵犯、威胁或者受到攻击时，为了保护自己而做出的自然反应。这其实是在警告你："小心，有危险。"这个时候，你的肾上腺激素加速分泌出来，身体里有一股热流涌动，你甚至感到你的脖子后面的肌肉都绷紧了，整个身体随时准备行动。愤怒经常是身体在发出信号，告诉我们需要划定某个界限，照顾好自己。愤怒并不意味着我们要攻击或是责备别人，而是意味着我们清楚地知道自己的感受是什么，从而能够采取恰当的行动。

正确表达你的愤怒有两个充足的理由：第一，可以发泄不愉快的情绪，这种沮丧感如果蓄而不发，可能会导致不公正的报复行为；第二，这是敦促对方改正的方法。

美国学者卡罗尔·塔佛瑞斯指出：说出愤怒对双方来说都可以是一种修正性体验，但要选择成熟的表达方式——愤怒的表达不是为了让某一方狼狈不堪。愤怒可以转变为口头表达烦恼、不快或委屈。谈论某次错误行为，其首要目的是消除任何受伤情绪，并确保下不为例。如果未能谈论自己的愤怒，就不会修正过错方的行为，那么我们讨厌的行为或言语还会重演。

总之，健康的发怒是一种机制，但一定要保证不让自己受到伤害，也不要伤害别人。其实发怒和攻击行为并不能相提并论，发怒是心理正常的反应，而攻击行为却是一种过度的反应，往往会带来不可预料的后果。

　　加州心理学家和婚姻咨询师乔治·巴哈博士曾接待过几对以消极方式表达愤怒的夫妇，他们采用非身体性攻击手段发泄愤怒。巴哈博士得出结论，不会正确表达愤怒并因此不公正地还击的夫妇，通常关系不好。乔治·巴哈及其他专家认为，愤怒一类的消极情绪可以通过正确渠道排解。他们呼吁人们学习"创造性争吵"，表达愤怒但不贬损对方或伤害对方的自尊。这个方法要求双方在不损害双方关系的基础上，坦诚表达各自的情绪。当然，如果"创造性争吵"不合你的口味，你可以采用其他方法。

　　你还可以这样表达愤怒或者其他感情：一定不要说"你让我感到很愤怒"等笼统的话。事实上，我们之所以愤怒，是因为对方说了什么或者是做了什么。因此，将你产生愤怒的原因说得具体一些，是非常重要的。比如，你可以说："上个星期二你没有给我打电话，我很生气。""你和小英有了那种关系，我对此感到很愤怒。""在我们的关系中，你在财力方面没有做出任何的贡献，我对此感到很愤怒。"

　　用适当的方式表达自己的愤怒是一个需要时间、需要判断、需要不断学习的过程。在你开始认识自己的愤怒并学着将它表达出来的时候，你可能觉得有些笨拙，特别没有技巧，或者没有任何动力，最后的结果是小声地嘟囔出来或者是低声抱怨。其实，跟其他任何事物一样，用适当的方式表达愤怒需要反复地实践和锻炼，才能够慢慢地掌握。

　　一定要将愤怒与狂怒区别开来：狂怒一般都是由于羞耻心所引发的。羞耻心是深深埋藏在心底的一种时刻围绕在自己周围的自卑感。如果我们不愿意正视自己的羞耻心，它就会经常地转化为狂怒的情绪。整个过程是这样的：有某个东西触动了一根情感的神经，于是我们感到自己被暴露了出来，并认为自己很坏、很蠢或者是认为自己错了。我们不断地告诉自己有这样的感觉是不行的，这就导致我们感到羞耻。为了逃避这种可怕的感觉，我们就借助于狂怒来发泄，或是对别人大声地狂喊、尖叫，或是羞辱别人、责备别人，甚至对别人进行身体上的攻击。

狂怒是十分不适当的情感表达方式，因为它会让别人难过、伤心，会伤害别人。狂怒是对另外一个人精神领域充满毒害性的侵略，而且它并不能够实际地解决问题。如果有人不幸被狂怒的情绪所袭击，最好的方式就是立刻远离这片怒火。一定不要试图与这样的人讲道理，因为此时他们心情的起伏波动与一个两岁的小孩子毫无二致，或者说他们现在就像是一只受伤的动物在寻求保护一样。

无论是愤怒还是狂怒，都是消极的情绪。为了减少它们的发生，我们应该选择那些可亲近的人做朋友，学习与人亲密相处的技巧，说出自己真实的感受，拥有激情。那样，你就会发现能够引发愤怒的时机已经越来越少了。这样做并不意味着我们不再会时时怒火袭来，而是说我们将能够在怒火升起的时候站稳脚跟，正视它，而不是让怒气把自己打倒，导致自己做出许多冲动性的行为，伤害别人或者自己。的确，我们仍然会感到愤怒，但是这种愤怒永远不会让我们失去理性，失去谨慎考虑的能力。

我们需要建立这样一种形象：既强硬又有礼貌；既能够在适当时候表达不满，又不失温柔；既和蔼，又有尊严。

有语没气，别说你会说话

文学作品的感情色彩表现在辞章文采上，说话者的思想感情则表现在声音气息上，即语气上。语气是说话人的口气和态度。语是指通过声音表现出来的语句；气是指朗读、演讲时支撑有声语言的气息状态。语气，既包含有内在的感情色彩，又有外在的高低、强弱、快慢、虚实的声音形式。

在说话的时候，我们会过多地关注谈话的内容，而忽略了说话的方式。而在说话的方式当中，最容易被忽视的就是语气。一个人说话的语气，隐藏着对对方的态度。尤其是高情商的人，非常善于将自己的观点不露声色地隐藏在语气中。

很多人都见过，或是经历过这样的事情：不管两个人谈什么事情，千万不要提高嗓门去说，一旦讲话的声音大了，对方就会问："你什么态度？"于是，不管之前讨论的是什么问题，这之后双方关注的焦点都会集中到对方的态度上。

积极的语气，会让对方感觉到被尊重和重视；消极的语气，会让对方感到被怠慢，从而产生距离感。高情商的人很少会在这方面犯错误，给别人造成误解，或是给自己带来麻烦。

那么，哪些说话的语气会给别人糟糕的感受呢？

1. 少用反问的语气

"难道我之前没有告诉过你吗？"

"这么简单的事你现在才会？"

类似这样的话，我们听过的不在少数。事后仔细一想，会发现，凡是以这种口气说话的人，情商都高不到哪里去。为什么？很简单，你可以做一个换位思考，如果有人用上面的语气对你说话，你会觉得"真爽，我就喜欢这种感觉"吗？当然不会，至少心里不舒服。因为当一个人用反问的语气和你说话时，会让你感觉对方是在蔑视和嘲讽你。

反问也是一种反驳，它传递的是这样一种信息：笨蛋，事情能这么做吗？而且还有一层意思——不仅说你错了，还觉得你错得可笑。所以说，这种语气对别人的杀伤力是相当大的，只有低情商的人才会用这种口气说话。

2. 不用命令的语气

"喂，把你的东西给我用一下！"

"来来来，给我朋友圈点个赞，快点儿！"

如果一个人既不是你的上级，也不是你的长辈，只是一般朋友，在请求你去帮忙做一些事情的时候，习惯用命令的语气和你说话，你又做何感想呢？

也许你会觉得莫名其妙，抑或是愤怒。

3. 慎用不耐烦的语气

"算我错了，行了吧？"

"你要是这么想，我还能说什么。"

不耐烦的语气是在说：你是一个麻烦制造者，你本身就是一个问题，你让我很不爽。这是一种非常有攻击性的表达方式。虽然有的人表面上是在妥协，但是一旦用不耐烦的语气表达的话，就会给对方一种事实并非如此的感觉。

不耐烦的语气最容易给人一种言行不一致的感觉。当一个人一边对你说"行了！行了！"，一边满脸的不耐烦时，你记住的只会是对方的不耐烦。不耐烦表达的是一种嫌弃，没有人喜欢被嫌弃，所以不要轻易使用不耐烦的语气。

上面谈到的三种语气，之所以说它们缺少情商，是因为它们只会产生消极暗示，给别人带来消极情绪，说到底，是对他人缺少应有的尊重。

可以说，经常使用这些语气的人，要么过于自我，缺少同理心，只在乎自己是否痛苦，而不在乎别人的感受；要么过于在乎事情，而忽略了接受者是一个感性的人，从而不知不觉中伤害了别人而不自知。不管是哪一种人，都算不上情商高。

语气很细微，但是很重要，语气不同，说话的效果也会有很大的不同。如果你在和别人交谈的时候，使用的都是信任、尊重和商量的语气，想让别人不喜欢你也很难。因此，语气不但会影响说话的效果，也会影响你的人缘。

说出的话要有层次感

高手说话习惯"一二三"排开，不是为了模仿领导做派，而是为了表达更清晰——先说主干思想，再展开论述。同时，说话严谨，有逻辑，能经得起推敲，可以自圆其说，不会给人胡言乱语的感觉。

层次分明，条理清楚，能让对话者更快速地理解你要表达的想法，让对话的效率更高。所以说，从一个人讲话内容的层次方面，可以看出他的思维与情商，同样，也能判断出他的层次。

这里的"层次"，有以下三层意思：

1. 说话条理清楚，分层次

说话有条理的人，一句话说清楚的，不用两句，很少讲空话、废话，而是言之有物、有始有终，有重点。因为他们有意识地运用简单化表达顺序，比如第一，第二，第三；过去，现在，未来；昨天，今天，明天；最重要，次重要，等等。再就是，他们能够掌握说话的"语言框架"，如时间关系、空间关系、因果关系、递进关系、并列关系、对比关系、总分关系。

比如，高情商的领导讲话经常采用"1-3-3-3-1"模式。即在开头使用一个总起句，结尾使用一个小结句，中间分三个分论点，每个分论点由三个句子组成的结构。这种结构听起来思路清晰，重点突出，可以给听众留下非常好的印象。采取"1-3-3-3-1"结构时，只须对中间的分论点进行丰富，更易于从整体上布局，不致头重脚轻。

2. 说话有水平，上层次

说话的水平也是有层级之分的。

第一个层级，叫能说。即，基本上可以应付日常的一些工作，说话基本不会跑调，如汇报工作、开会讨论题等。

第二个层级，叫善辩。也就是说，你的语言充满趣味性，会让人爱听，你基本上可以应付各种大大小小的场面。

第三个层级，叫智言。达到这个层次的人，非常善于表达，经常能让别人对他的观点产生强烈的认同和共鸣。

3. 社会地位高，有层次

说话最能反映一个人的能力、水平，以及社会层次。有些人看着很端庄，形象也不赖，但是一开口，就叫人大跌眼镜——"情商如此感人"。他说出的话与他的形象、身份、气质不符，这个时候，对方宁愿相信他的话更能代表他的个性与能力。相反，有些人其貌不扬，但说话很有水平，那别人就会对他高看一眼。

不同社会层次的人，想在一起愉快交流，那各方要懂得"迎合"对方。如果与某方面的专业人士交流，可以使用一些专业术语，但面对小学生时，那就多些童趣；如果面对的是普通的听众，那就通俗一点。

所以说，不管是高情商者，还是低情商者，他们一开口，就会暴露自己的层次。说话必须要有层次——中心突出，逻辑显明的话语更入人心。

高情商地表达，须让声音亮起来

高情商的人很少会传递负能量，即使他们没有出众的音色，说话也并非字正腔圆，但我们还是能从他们的表达中感受到正能量的气息。我们都有过这样的经验：初次给一个人打电话，或是接听一位陌生人的电话，我们根据一段简短的对话，就可以在脑海中勾勒对方的形象——是积极乐观的高情商者，还是消极悲观的低情商者，抑或就是一个骗子。许多时候，这种感觉大体还是正确的，如果我们的经验足够丰富，还能从这种声音中听出更多信息。

可见，声音也是一张名片，有时它比相貌更有益于我们对一个人的性格做出判断。因此，我们不但要懂得说话，还要注重说话的声音。

有一个年轻人，非常敬业，话也不多。每次开会的时候，他总是会挑最靠边的座位坐下，汇报工作的时候，他用时不会超过一分钟，而且声音非常低。他说话的时候，甚至大家记录的声音都能听到。起初，领导会对他说："小赵，声音能不能高一点啊，你不是在说悄悄话吧？"听领导这么一说，他会变得有些紧张，但声音还是那么低。一次二次过后，领导也不想为难他，随便他在会上怎么讲，不管他讲什么，领导都会在他讲完后，说："下一个。"而其他员工在介绍完工作后，领导会进行点评。小赵因此被老板冷落，不受重视。其实不然，因为领导实在没有听清楚他在说什么，不好做出评价，只能事后再找他了解情况。被领导"特殊"对待，小赵觉得没面子。

其实，领导一直都比较重视他，只是他不善于交际，语言表达能力也很差，说话声音更是像蚊子叫。平时他说的话，不管大家听懂没有，都不会追问，因此，也与同事间产生了一些误会。

像小赵这样的人，说话有气无力，甚至有些老气横秋，完全让人看不到活力。事实上，他也是一个很消极悲观，情商很低的人，其实他可以提高嗓门说话，但是，他缺少自信，大声说话对他来说，也是需要勇气的。

有人认为，说话只要内容足够实用，其他则是次要的。此话不完全正确，说什么固然重要，但内容是通过声音直接表现出来的，声音直接影响听众的体验。好的内容再加上好的声音表现，才会体现出语言的作用，这就好像你文章写得很好，同时字也写得非常漂亮一样。

在现实生活中，要像高情商者一样说话，须先让自己的声音亮起来，在表达的时候，特别要注意以下几个方面：

1. 声音要积极，句尾常扬

声音不积极，给人感觉萎靡不振。声音不积极的主要表现，就是每一个句子的句尾语调呈下降趋势，给人感觉说话没有底气，话说的头重脚轻。声音要积极，必须"句尾常扬"，也就是说，句子不要落下来，而是扬上去，有一种被提起来的感觉。

2. 声音要震撼，充满能量

有震撼力的嗓音，音色更强，声音更有力，充满了能量和活力。如果你说话时有力量、有自信，熟知自己所讲的话题，认为自己所阐述的观点非常重要，那么听众也会相信你所说的话并接受你的观点。因此，要让自己话有分量，必须先让声音充满能量，尤其是在各种演讲中，本身它们就是"激情的对话"，演讲者一定要通过声音向大众显现出自己的能量。

3. 声音要响亮，底气十足

声音不响亮，有两方面的原因：一是底气不足造成声音不响亮。

提升底气的最好办法，就是加强小腹、横膈膜的力量，可以向远处连续、均匀、坚实地发"hei hei hei"；另一方面口腔开得过小，或唇舌无力，为此可以练练"咬苹果"，将握拳的手想象成苹果放在嘴巴前面，尽量张开嘴欲吞下苹果，反复练习张嘴的动作，这对提高声音的响度、清晰度、流畅度效果相当明显。

4. 声音要悦耳，吸引听众

声音太单调、沉闷，会给人一种老气横秋的感觉。如果在说话过程中，句子在升降、轻重、快慢、停连等方面长时间没有变化，就很难抓住听众的心。声音的艺术美就体现在变化上，声音应如高山流水，有汹涌澎湃，也有风平浪静；有波澜起伏，也有停停连连，当然这种变化不是想怎么变就怎么变，必须根据内容而定。

除此之外，声音还要有穿透力。不论有多少听众，演讲时都要做到：让声音能传达到离自己最远的那一个人的耳朵里。这样，你就会吸引每个人的注意力。再就是，说话不仅仅靠喉咙，力量不能只集中在嗓子一处，而应让身体的各个部位、器官都积极地参与到其中，全身心地投入到说话中。

避免说错话，表达要清楚到位

人说话时所常犯的毛病之一，就是有杂音。有些人谈话风度很好，只是在他语言之间，有了许多无意义的杂音。例如，鼻子总是一哼一哼地，或是喉咙里好像老不畅通那样，轻轻地咳着，或是在每句话开头常常加一个拖长的唉声，好像每一句都要迟疑了一阵才讲出，或是说完一句，总加一个"啊"，好像每句都怕人没听清楚的样子，诸如此类的毛病都是要加以改正的。这些杂音使你的语言好像玻璃蒙上了一层灰尘一样，大大地减少了原有的光彩。

有人喜欢在谈话当中，用太多的不相干、不必要的口头禅。例如，什么地方都加上一句"自然啦"，或"当然啦"这类的词句。又有人喜欢加了太多的"坦白地说""老实说"；有的人喜欢老问别人"你明白吗？""你听清楚了吗？"有的人又喜欢老说"你说是不是？""你觉得怎么样？"习惯性地在每一句话的语尾，加一句"我给你讲！""你说可笑不可笑？"我还记得在大学时，有个新来的教授向我们讲话，开头第一句就是"不过我今天来以后"，到处都是"不过"。像这一类的小毛病，可能你自己平时一点也察觉不到，要问一问你的朋友们，请他们替你注意一下，有则改之。

有人特别爱用某一个词，来表达很多的意思，不管这个词本身有没有那么多的含义。例如，有人喜欢用"伟大"这个词，于是乎在他的话中，什么都"伟大"了起来，"你真太伟大了！""这文章太伟大了！""今天吃一餐伟大的午饭，""这批货物卖了一个伟大的价钱！"最妙的是有一个朋友喜欢用"那个"代表一切的形容词，你听他说的是些什么吧，"今天太那个了！""他这个人很那个，是不是？""我觉得这点事未免有点那个。"这一类的毛病，大概由于偷懒，不肯去动脑筋找一个恰当的词。要多记一些词语，才能生动而恰当地表达你的思想。

比如，"好"这个字，有精彩、优美、善良、出色、美丽、愉快、呱呱叫及许多其他的表现方法，不要那么简单地说：他是一个好人，这个茶杯很好，这篇文章写得太好了。

他是一个好人，不错，可是他怎样的好法呢？从最伟大的人，到普普通通，没有犯大过的人都可以说是一个好人。他可以是一个心地善良的人，他可以是一个热心服务的人，他可以是老老实实的人，他也可以是力求上进的人，他可以是一个劫富济贫的强盗，他也可以是一个拾金不昧的乞丐，到底他是一个怎样的好人呢？同样的，你说这个茶杯很好，是样子好，是颜色好，还是质料好，还是价钱便宜好，还是最合你的需要？

口才好的人，说的话精确而细腻，丰富而活泼。不要像3岁小孩子那样，翻来覆去，只有几个极简单的字：我走到门外，猫一看见我，就走到树上，树上的鸟都走开了，树上的苹果也走到地上来了。

谚语本来是很富于表现力的，不过不要三句话里就有一个谚语。用太多的现成说法，会使人听了觉得油滑，而且也易使人眼花缭乱。好像一个美丽的女人，戴了满头满身的珠宝，不但淹没了她原来的美丽，反而使人觉得累赘之极。偶然地，在适当的地方，用一两句谚语，就显得很生动而有趣。

有些时候，某些名词流行起来，在文学上、口头上被普遍地应用，这种词句也最容易被一般人不加选择地乱用一番。例如，原子这个名词便被滥用了，什么都"原子"起来：原子牙刷，原子字典，甚至于捉老鼠的器具也誉之为原子金刚猫！原子这，原子那，原子得使人莫名其妙。其他，如真棒，真帅，迷你等也都是曾经被滥用的字眼。

　　夸张的语气会产生一种引人注意的效果，不过，如果太喜欢用，或是用得不恰当，反而使人不注意或是不相信。你不可能每次说的都是非常重要的消息。也不可能每次都讲最动人的故事，或是最可笑的笑话。你所看的书，不可能每一本都是最精彩的，你所认识的好朋友，不可能个个都是最可爱的。不要到处地、随时地都用最、极、非常、特别，否则，如果在你这无数的最终，有一个真正的最，你怎样表示呢？难道你要这样说，这件事对我是最最重要的吗？如果你真是这样说，别人听了也无动于衷，因为他们会认为你是一个喜欢夸张的人。

　　把自己的经历讲得太琐碎，是不明智的，自己的经历，最容易讲得生动、精彩，很多人都喜欢听别人讲他自己的亲身经历。在新闻报道上，目击者和当事人的讲述，也是最吸引人的。有很多以亲身经历为题材的小说，拥有广大读者，甚至于改编成电影，也很卖座。

　　可是并不是每一个人都很会讲故事，所以当许多人讲自己经历的时候，自己一味地起劲，对自己的经历，样样都觉得有味道，都觉得有讲的必要，结果反而使听的人，茫无头绪，索然无味。这是犯了什么毛病呢？在这种场合，最容易犯的毛病是引用的对话太多：如你说你自己什么人，以下就是他说……后来我又说……他又说……那么我就说……他的太太这时就说，所以我说……像这样说，听的人一下子就被你搞糊涂了。

用废话提问得到的一定是废话

顾名思义，废话就是没有用的话，多余的话，惹人烦的话，但是，在每天的生活与工作中，我们又离不开废话，甚至毫不夸张地说，我们大部分时间都在说废话。离开了废话，生活也会变得无趣，交际也会出现障碍。

比如，每天和同事见面后，张口就是废话："来的够早的啊！""吃早餐了吗？""这天真够热的啊！"……这是有用的废话，目的不在于交流，只是礼貌性地打招呼，可以说，我们在一天的生活与工作中，说得80%的话，都是这样的废话。

废话又是相对的，同样的话，你对这个人说是废话，对那个人说，就算不上废话，说不定还能让他受益匪浅呢。比如，你是一家公司的技术主管，需要告诉每一个员工：程序的格式要怎么弄，代码要控制在多少行，每个人都该负责什么……这样的话，你可以一周强调一次，如果每天都要说一遍，别人就会当废话。

提问也是这个道理。有些问题一听就没有技术含量，全是废话，回答吧，挺无聊的，不回答，场面又过不去，所以只好应个声，算是给个面子。也就是说，你用废话提问，得到的一定是废话。用废话提问，暗含了三层意思：首先，问题可问可不问，问了不如不问；其次，问题很幼稚、肤浅，没有一定的深度；再次，答案就在问题里，自问自答就可以了，讲出来多此一举。

有个实习记者，想写一篇关于某女演员的稿子，为了约到这位演员，她费尽周折。结果访谈只持续了10分钟。这位实习记者是怎么采访的呢？

一上来，她就问对方："拍了这么多戏，你最满意的是哪一部呢？"

"下一部。"

"我看你的作品都偏向戏曲，想不想尝试一下喜剧呢？"

"嗯。"

"目前你还是单身？"

"是。"

"是不是因为工作太忙，没有时间谈恋爱呢？"

"是的。"

"那有没有比较欣赏的异性？"

"我爸。"

"除了拍戏，你还有什么爱好呢？"

"看书。"

采访到这里，女演员有些不耐烦了："我今天状态不是很好，抱歉，咱们下次再聊。"

实习记者赶忙说："好的，那我可以问最后一个问题吗？"

"只能一个。"

"每次拍完戏，你最想做什么？"

"我不是说过了嘛，看书。"

在这个案例中，可以说实习记者提的全是"三无问题"：无趣味、无内容、无深度。问题不吸引人，怎么能撩起对方的兴趣？当你用废话提问时，即使对方有心认真回答，也不知道从何说起，因为他会觉得：作为提问者，你都敷衍，我何必认真。案例中，实习记者总问一些在演员看来，自己已回答过无数次，而且地球人都知道的问题——她对这些没有感觉，认为完全不值得回答。这就像你和巴菲特一起吃午餐，总是问他"牛排好不好吃？""老爷子，你的西服是从哪买的？""都说你很有钱，这个数有吗？"那人家会觉得你这个人没品位，层次低。在他看来，这些问题完全是废话。

可见，越是与有层次的人沟通，问的问题越要有深度、有水平，你把本该问闺蜜的问题拿来问老板，问客户，就显得没水平，说出的来话也显得毫无价值。

避免用废话提问，或是你的问题被当作废话，一定要注意以下几个方面：

首先，要问实质性的问题。

在提问中，多问些实质性的问题，比用一连串的废话去多次提问要强得多。也就是说，提问不需要多，但要问到点上。那些真正会提问的人，往往都是三思而后提，虽然提的问题少，但每次都说到点上。

其次，要了解提问的对象。

当一个人用废话提问时，往往是没有考虑到对方的心理、感受、理解力等方面，当然有时还可能忽略了场合。对待不同的提问对象要有不同的提问方式，如对方性格较为豪爽，那么你提的问题就该豪爽点；如对方较为内向，那么提问就要注意措辞严谨；另外也要根据提问对象的专业来提问，在提及对方专业领域的问题时，要小心谨慎，以免给对方留下"关公面前耍大刀"之感。

再次，要避免浅薄无趣。

提问时，如果言辞单调、词汇匮乏，那么很容易就会往废话那方面跑。如果不确定提问是否属于废话式提问，那么你把自己当作提问对象，然后问自己这个问题，站在对方角度，这样你就能明白这个问题是不是属于废话式问题。

有些问题是绝对属于废话的，一些很明显的事情或者不需要思考就能得到答案的问题都属于此类，如"外面打雷，是要下雨了吗？"提问时学会撇弃废话吧，那只会徒然浪费时间和精力，做些无用功而已。

　　当你发现自己已经用废话去提问，并且对方也回答了一些废话时，那么就要适可而止，要学会从当前的对话中，因势利导，找出真正有价值的问题来。

　　当然，不要用废话提问，不是说故作高深、咬文嚼字，也不是旁敲侧击、遮遮掩掩，而是不要提一些无意义或答案明显的问题。

问话适可而止，舌头长了惹人烦

问话是门艺术，就像童话故事《小女孩与三只熊》里，小熊那碗冷热适中的麦糊一样，问话语气也必须"不温不火"。

适当的问话口气不可过于尖锐、涉及隐私、咄咄逼人、失之武断或大而无当，同时也不可追根究底。

记住，我们是在谈话，不是做益智竞赛。听到一大串问题时，我也会竖起戒心，怀疑问话者的动机。

1. 好奇使人尴尬

某次跟同事用晚餐时，我发现有位远方来的客人一直受到某位同事的"拷问"，对他的私人问题"穷追猛打"，使我很不好意思。尽管问话的人很客气，问题却过于私人化，与这次商业餐会相去甚远。

虽然对方面对一连串的问题显得有点尴尬，却仍礼貌地回答这些与在座人士不相干的问题。其实，他太可笑着告诉问话的人："噢，那已经是陈年往事了，我倒是对你的事比较感兴趣（新工作、车子、电脑、度假、登山旅游、销售计划）。"更过分的是，这位勤于发问的同事竟然掌控了整个晚上，其他几个人连插话的余地都没有。

好奇是很好的特质，但好奇过了头，就有点不识时务的感觉了。

2. 莫不闻不问

朋友贝丝在描述某晚跟前男友谈话的情形时，她觉得，这个男人实在搞不清何谓谈话、何谓质问：

我迟迟不敢回他电话，因为最近两次跟他在一起的时候，实在是太无聊了，他整晚都在谈自己的生意经跟口腔手术！对我和我的生意毫无兴趣。我好不容易逮到机会谈谈自己的心事，他却开始追根究底，向我质询，好像自己是心理医生或办案的调查员似的，要我公开自己的隐私。

从另一个角度看，我们若真的关心对方，发问确实是一种不错的表示。"不闻不问"与打破砂锅问到底一样令人头痛。

苏珊这么说：

我自己一直过了3年才发现，原来我的读者兼新"朋友"对我的生活其实从来不感兴趣，虽然我对她的事了若指掌，她却对我一知半解。

当我跟另一位朋友玛西在电话上聊到这件事时，还替她辩解："她的优点是不会窥探别人的隐私。"

聪明的玛西回答："苏珊，这哪叫优点？都3年了，做朋友的总该对你有点了解吧，我看她不是不窥探，是根本不在乎。"

没问题、没答案、没兴趣，这样如何交心谈话？如果你要发问，切记保持中庸与细心，千万别在问题中掺入个人的评判。

3. 莫飞短流长

三姑六婆的言论很可能会成为某人的"灵通消息"。我很同意一种说法："如果你没什么好话要说，就乖乖坐在旁边吧！"

老实说，与人分享资讯和消息必须承担相当的风险，我们必须非常谨慎，千万不可：

诋毁他人；

传播流言；

即使负面讯息确有其事，也不应广为传播。

其实，诋毁他人并不能抬高自己，只会显得自己口德很差，而且还缺乏自信与能力，因为从容自信的人绝对不会踩在他人身上来抬高自己。

有些人则是太习惯于负面思考，对自己的失言毫无所觉。

大部分情况下，我们可以用"第一人称"的表达方式，让对方知道自己的反应。与其用批判式的"但是"，不如用"而且"。例如，"文章很好，可是需要修改"最好改成"文章很好，而且还需做点修改"。

提醒爱挖苦人的毒舌派，最好擅用幽默来掩饰自己，否则遇到道高一丈的高手，你就会吃不了兜着走！

对话并非立足于贬损；"贬损"他人也算不上对话。

第四章
以幽默开道，到哪儿都是"主场"

    一个具有幽默感的人，能时时地发掘事情有趣的一面，并欣赏生活中轻松的一面，建立起自己独特的风格和幽默的生活态度。这样的人，容易令人想去接近；这样的人，使接近他的人也分享到轻松愉悦；这样的人，更能增添人生的光彩，更能丰富我们生活的这个社会，使生活更具魅力，更富艺术。

懂幽默的人到哪儿都受欢迎

马克·吐温曾经说:"让我们努力生活,多给别人一些欢乐。这样,我们死的时候,连殡仪馆的人都会感到惋惜。"马克·吐温的话既有幽默感,又富有哲理。

法国作家小仲马有个朋友的剧本上演了,朋友邀请小仲马同去观看。小仲马坐在最前面,总是回头数:"一个,两个,三个……"

"你在干什么?"朋友问。

"我在替你数打瞌睡的人。"小仲马风趣地说。

后来,小仲马的《茶花女》公演了。他便邀朋友同来看自己剧本的上演。这次,那个朋友也回过头来找打瞌睡的人,好不容易也找到一个,说:"今晚也有人打瞌睡呀!"

小仲马看了看打瞌睡的人,说:"你不认识这个人吗?他是上一次看你的戏睡着的,至今还没醒呢!"

小仲马与朋友之间的幽默是建立在一种真诚的友谊的基础之上的,丢掉虚假的客套更能增进朋友之间的友谊。可见,交朋友要以诚为本。朋友之间要以诚相待,互相关心,互相尊重,互相帮助,互相理解。爱人者人恒爱之;敬人者人恒敬之。关心别人,才会得到别人的关心;尊重别人,才会得到别人的尊重;帮助别人,才会得到别人的帮助;理解别人,才能得到别人的理解。

在家庭生活中,男人常常会因为自己的妻子为赶时髦去购买时装而产生烦恼,免不了一番发泄,但这往往会伤害夫妻情感。如果你是一个有修养的男子,面对这种窘境,即使是批评,也应采取一种幽默的方式,既消除矛盾,又不伤感情,并给生活增添一份情趣。

妻子:"今年春天,不知又流行些什么时装?"

丈夫："和往常一样，只有两种，一种是你不满意的，另一种是我买不起的。"

这位丈夫的幽默，一般通情达理的妻子均能接受，两个人此时都会为之一笑。

谁不喜欢富有幽默感的人呢？即便是没有幽默感的人，对于幽默的人大概也是欣赏与喜欢的吧？因为任何人的内心都喜欢阳光与欢乐，而具有幽默感的人，他们身上散发着阳光与欢乐的气息。

人们已经厌倦了腥风血雨，已经厌倦了指桑骂槐，已经厌倦了人与人之间的指责与谩骂。现代生活中的幽默，也就是与人为善，它追求的是人与人之间的和谐以及人的发展与完善。麦克阿瑟将军，他在为儿子所写的祈祷文中，除了求神赐他儿子"在软弱时能自强不屈；在畏惧时能勇敢面对自己；在诚实的失败中能够坚忍不拔；在胜利时又能谦逊温和"之外，还向上帝祈求了一样特殊的礼物——赐给他儿子"充分的幽默感"。可见，幽默是人生多么值得拥有的天分。

不同的历史时期，都有那个时期特定的幽默。它对于生活中古旧的一切、虚妄的一切，宣告了它们末日的来临。我们正在迎接这一时代！

幽默会增加你的亲和力

上司与下属的关系，首先是一种领导与被领导的关系，但是除此之外，双方还应该建立友爱合作的关系。作为下属，在恰当的时间、场合，和上司开一个富有幽默感的玩笑，在搞好同上司的关系方面，可以收到非常好的效果。

不过，俗话说：伴君如伴虎。在个人关系上还需要主动与上司保持合适的距离，距离太远了不好，距离太近了也可能会很糟。

其实，让老板笑口常开不仅仅是找到工作之后的事情，在找工作的过程中，求职者就可以运用幽默的力量逗得老板开怀大笑。

找到一份称心如意的工作，是求职者最大的心愿，但求职不易，有时我们在苛刻挑剔的雇主面前一筹莫展。这时，何不借助幽默的魅力让面试你的老板笑一笑，这对你取得面试的成功必然会有助益。

一个人在外面找工作，他来到麦当劳。面试者问他会做什么，他说："我什么都不会，不过我会唱歌。"面试者说："你就唱一首试试。"于是他就开始唱了："更多选择更多欢笑就在麦当劳……"面试者一听就乐了，接着问了他一些对麦当劳有什么了解之类的问题，最后，他被顺利录用了。

上面的例子中，求职者在面试中借助了幽默的力量，他首先就以唱歌的方式说出了麦当劳的广告语，表明了自己对麦当劳是很关注的，也有一定的了解。他在博得面试者一笑的同时，获得了面试者的好感。

工作太累的时候，难免会偷懒，这时候如果被老板看见了，你该怎么办呢？

有一个建筑工人在工地里搬运东西，每次只搬一点。工头不得不开口问他原因，工头以纠正的口吻对他说："你想你是在做什么？你看看别人搬那样重的东西！"

"嗯哼，"工人说，"如果他们要懒到不像我搬这么多回，我也拿他们没办法。"

老板被他逗笑了。

工人以幽默的口气为自己的偷懒行为辩解，老板即使会批评他，也会比较随和，责罚也会比较轻。假如你对于装疯卖傻的演技颇有心得，无妨也在对您颇有微词的老板面前，以若无其事的态度告诉他下面的小笑话，且看他的反应如何。

"幸好我正经娶老婆了。"当然，你的老板无法了解你这一句话的意思，必定会一副茫然的样子，莫名其妙地看着你！就在这时候，你可以不声不响地像自言自语地对自己说："所以我现在才习惯别人对我的唠叨了……"

如果你能够微笑着说话，你的老板也必会露出会心的一笑！而就在你表现出沉着的大家风范，且老板又似乎对你有所改观时，就正好有机会使他改变对你以往的不良印象。

让你的老板笑口常开，你的工作就能进行得更加顺利。

想要幽默，先学会自嘲

自嘲幽默法是一种最高层次的语言艺术，也是最有效的幽默方法之一，具有很高的实用性。

自嘲有两种：一是嘲笑自己的短处，如自己的长相；还有一种就是嘲笑自己做过的蠢事。

在社交生活中，自信可以说是人的一种生存要素，因为我们很难想象一个猥猥琐琐、顾影自怜的人，怎么能以一种独立的人格面向社会。而且幽默本身就体现一种不为命运所折服的自信，这种自信体现最突出的表现就是自嘲。

自嘲，表现了一个人对自身价值和所处的环境有自知之明，这是一种可贵的内省精神，具有很强的内聚力，能够促使人们完成从相斥到相容到互补的转化。

因此，想幽默，从自嘲做起。

现已退休的老许，虽然年事已高，却老当益壮。一天友人来访，问道："你看来完全没有变，你的长寿秘诀是什么？"

"没有秘诀，我一向乐观。"老许回答说："天塌下来我也不怕，因为有高个子先顶着。"

这个幽默，是从日常生活中的一句大俗话转化过来的，是不是还能产生幽默效果？那要看什么人说，在什么场合运用了。至于老许对个子比他高的友人说这番话，那就更加耐人寻味了，这是一个"国际"玩笑。

而我们从这个快人快语中会不会觉得充满了自嘲精神？往深处想，还会发现一个敢笑自己矮的人，他的心灵自由度一定很高。

自嘲幽默法不是故意贬低自己，哗众取宠，而是为了真实地再现自己的价值和高度。

喜马拉雅山最高，也被登山运动员踩在脚下；烈士墓很低，人们反而投去敬仰的目光。嘲笑自己的缺点比嘲笑他人的缺点的高明之处在于把自己的珍爱和对自己的贬抑结合起来，以主动贬抑体现自己心灵的纯净，而对别人的调笑却没有这么强的珍爱和贬抑的反差，因而达不到理想的效果。

如今的家庭里不和睦的原因很多，重要的原因之一就是谁都想维护自尊、统治家庭。因此，夫妻的矛盾最为突出，如果矛盾得不到调解，彼此的心理距离就会拉远，要缩短这种心理距离，就必须放弃指责对方的弱点，而主动表现自己的弱点，这种方式就是自我嘲弄。尽量摆脱自我，这样彼此的心灵就会接近。

有一对夫妇吵得很凶，后来丈夫觉得后悔，就把妻子带到窗前，去看对面两匹马正拖着一车货沿路往山上爬。

"为什么我们俩不能像马那样齐心协力，一起走上人生的山顶？"

"我们不可能像两匹马一样一起拉，"妻子说，"因为我们两个之中有一个是驴子！"

"那一定是我这头公驴子。"丈夫马上接口说。

当妻子说到"两个之中有一个是驴子"时，有两种可能，一种是妻子自己承认是"驴子"；另一种是说丈夫是"驴子"，而丈夫在这里为进一步消除与妻子的心理距离，就不让妻子说出第一种可能，抢先主动说自己是头"公驴子"，间接地说明是自己的脾气不好。这就是自嘲幽默之妙。

戏谑的幽默，会增加你的亲切感

所谓戏谑的幽默，就是带有很强的攻击性，或表面攻击性强，其实是无攻击性的幽默；越是亲近的人攻击性越强烈，越是疏远攻击性就要越弱。简言之，就是开的玩笑是带有机智、哲理的玩笑，目的是为增加你与对方的亲切感。

抗日战争胜利后，著名国画大师张大千要从上海返回四川老家。行前，他的学生糜耕云设宴恩师饯行，梅兰芳等社会名流出席了这次宴会。

宴会一开始，张大千便首先向京剧大师梅兰芳敬酒，说："梅老板，你是君子，我是小人，我先敬你一杯。"

梅兰芳不解其意，忙含笑问："此作何解？"

大千先生笑着答道："你是君子，动口（指唱）；我是小人，动手（指画）。"

张大千先生的幽默引得宾客为之大笑。

张大千的敬酒辞开始确实攻击性很强，一下子让人无法承受，也令梅兰芳不解其意，等到大千先生一解释，大家心里猛然放松，不禁为之一笑。这正是戏谑幽默法的成功之处。

中国有句名谚："出门观天色，进门观脸色。"戏谑幽默法要注意适合时宜。在某些特定场合能发挥的戏谑幽默，在其他场合效果可能就差得多。特别是对不太了解或完全陌生的人，把握时宜更显得重要。

由于戏谑幽默的自我保护性强，面对攻击仍然钝锋为笑，解脱困境，因此它需要智慧、修养和超越精神。

有一个人很有幽默感，而且擅长恭维。一天，他请了几位朋友到他家一聚，准备施展一下自己的专长。他临门恭候，等朋友们接踵而至的时候，靠近问道："你是怎么来的呀？"

第一位朋友说："我是坐巴士来的。"

"啊，华贵之至！"

第二位朋友听了，一皱眉头打趣道："我是坐飞机来的！"

"啊，高超之至！"

第三位朋友眼珠一转："我是坐火箭来的！"

"啊呀，勇敢之至！"

第四位朋友坦白地说："我是骑自行车来的。"

"很好啊！朴素之至！"

第五位朋友羞怯地说："我是徒步走来的。"

"太好了，走路可以锻炼身体，健康之至呀！"

第六位朋友故意出难道："我是爬着来的！"

"哎呀，稳当之至！"

第七位朋友讥讽地说："我是滚着来的！"

主人并不着急，说："啊，真是周到之至啊！"

众人一齐大笑。

主人的戏谑幽默是自我保护性的，几乎无攻击性，既戏谑了朋友，又没有伤害朋友，表现了他触景生情，即兴与诙谐的才智。

可见戏谑幽默法主要是把握分寸，在你的社交之中要有过人而精致的感觉能力、洞察能力和应变能力，要才思敏捷、妙语如珠，否则，就不能登堂入室去幽默地戏谑你的朋友或其他人。

幽默的妙处就是拉拢人心，将自己的幽默情趣传染给对方，达到消烦去恼、摆脱困境，一齐欢笑的目的。

何谓暗示幽默法？即对事物表示自己的看法，不是通过直说，而是通过种种可能来曲说，并达到幽默效果的方法。曲说可理解为从各个侧面。

　　有一对夫妇，丈夫做错了一件事，妻子不但不理解，反而更加唠叨，令人生厌，于是，丈夫火气十足地说："请别这样唠唠叨叨了好不好，不然，我要在桌上痛打10巴掌了。"

　　"关我屁事，打呀，打。"想到肉痛的不是她自己，妻子反而火上加油。

　　"但是，"丈夫道："经过这10巴掌的锻炼，第11巴掌打在肉上可就有些功夫了。"

　　妻子戛然而止。大概她领会了丈夫内心的火气，不想让脸作为丈夫练功夫的沙袋吧！

　　在这个幽默里，丈夫打了10巴掌，第11巴掌要打在什么地方，就是一种暗示。这个暗示包含了如下意思：我心里很火、很烦，需要理解和清静。现在我得不到这些，反而遭受另一种折磨，我有点忍无可忍了。为此，你最好住口，否则就别怪我不客气了。"功夫"一词，则承担了幽默的任务，这就是暗示幽默法。

　　在恋爱中，我们也可以使用暗示幽默法。

　　有一对情人在恋爱，一天晚饭后，他们一起出去散步，来到了青青的河边上，看见有一头牛在默默地吃草，缓缓地移动。男孩指着牛说："看那头牛多好呀！悠然自得，乐不思蜀。"

　　女孩微微一笑说："那头牛好是好，但也有不尽如人意的地方。"

　　男孩说："怎样才能尽如人意？"

　　女孩道："要是这头牛吃了晚饭，把碗筷统统端进厨房洗了就尽如人意了。"

　　男孩不好意思地笑了，显然是接受了女孩这幽默的暗示，记起自己在未来的岳母家吃了饭便把碗筷一丢的毛病，这可能会使岳母不高兴吧。

　　交际中我们照样可以使用暗示幽默法。

　　如果你知道一个同事在背后说了你的坏话，你可否这样对他说：

"我妻子今天吃了大亏了。"

"怎的？"他必然会问。

"她在背后说了一个邻居的坏话，以为人家不知道，可是'要想人不知，除非己莫为'，结果，人家还是知道了，两个人演了一出'全武行'，我妻子亏就亏在她的两颗门牙全是假的。"

一笑之余，那位同事准会面红耳赤吧！

事事可幽默，时时可幽默，只要你努力，任何困境都可以用暗示幽默法来应对。

巧设譬喻，通过叙事明理

譬喻是主要的修辞手法之一，使用率很高。古今中外，言谈话语，撰文赋诗，都离不开它。它或以形象的事物包蕴幽渺之理，或以生动的故事传达深奥之意。

古代有一个政治家叫惠施，他谈话总以比喻叙事明理，久而久之，形成了一种语言模式。甚至有大臣向大王说，如果您不让惠施说话时打比方，他就不能说话。

一次惠施拜见大王，刚一开口就被止住了，大王叫惠施说话不许打比方。面对这种人为障碍，惠施毫不气馁妥协。

他当场设喻说："禀告大王，有一种兵器叫作'弹'。"

什么叫'弹'呢？如果说：'弹就是弹，您能明白吗？'"

大王说："不明白。"

惠施接着说："假如我说弹的样子与弓相似，只是用竹子作弦。这样您能明白吗？大王。"

大王说："能明白。"

于是惠施向大王请命："既然如此，请大王恩准我今后说话仍能打比方。"至此，大王只好批准了他的"专利"。

由此可见，惠施是深谙设喻的智者，因为他知道，就事论事往往徒费唇舌，而巧譬妙喻则能事半功倍。

假若在语言的使用上趋于山穷水尽之时，巧妙设喻便能辟出一片柳暗花明的境界。这是一种在语言的困顿中仍用语言拓展出沟通空间的方式，这是变通的智慧。

庄子是战同时期著名的思想家，他一生过着清贫的隐居生活。

一次，他们一家老小又饿了好几天了，庄子不得已只好到他的好朋友监河侯家借粮食。

不凑巧的是，到了朋友家，监河侯正忙着收拾行装准备外出，听了庄子的来意，监河侯匆忙说："借粮之事好商量。我正要进城收租金，等我收完租金回来，再借给你一些粮食，好吗？"说完便要出门上路。

庄子听了监河侯的回答，心里又气又急，心想，你到城里来回一趟，要半月之久，等你回来，我一家人还不早饿死了？

怎么办？死皮赖脸缠住他吗？庄子不愿这么做；斥骂一通拂袖而去吗？庄子不能这么做。

好在庄子是远近闻名的说话高手，他略一思索，对监河侯说："仁兄且慢，天热路长，何不饮足茶水再走呢？再说，仁兄此去，半月方回，兄弟以茶代酒，诚祝一路顺风啊！"

监河侯见庄子言语殷切，态度诚恳，自然不好拒绝，只好又坐了下来。庄子一面喝茶，一面对监河侯说：

"我刚才在来你处的路上，听到一种奇怪的呼救声，我四处寻找，最后在路旁的一条曾经积过水的干水沟里，发现一条快要干死的小鱼，正张着大嘴呼救呢！

小鱼见了我，忙说：'我快干死了，你能不能给我一小桶水，救我一命？'

我回答它说：'要水吗？这好办。你等着，我去见越国、吴国的大王，请他们设法堵住西江的水，然后，把西江的水引来迎接你回东海，好吗？'

那小鱼听了很生气：'我在这沟里快要干死了，只要一小桶水就能活下来。如果照你的打算，等到西江水引来，你就只能在鱼摊上见到我了。'"

听到这里，监河侯羞得满脸通红，他立即喊来家人，到粮仓装了满满一袋粮食，借给庄子。

原来，庄子拐弯抹角地说了一通，正是运用比喻的方法，借由凭空虚构的寓言故事，巧妙地让朋友去领会言外之意。

在进退两难的处境中，既保持了朋友之间的和气，又达到了借粮的目的。这一切，不能不说是比喻的功劳。

夸张渲染，来点善意的嘲讽

毫无疑问，幽默感是与可笑联系在一起的，越是使人发笑，越有幽默的效果，但你要明白，发出笑声是听众的事，而不是你这个说出幽默语言的人的事。可以说，有一条这样的规律：在你发挥幽默时越是沉不住气，越表现出惊奇，流露出笑容，越是会减少语言的效果。

王华和陈广去四川旅游。一天，他们在一个小客栈里歇下了。吃晚饭时，王华把刚端上来的调料舀了一匙偷吃了，结果辣得淌下了眼泪。

陈广抬头见好友在掉泪，忙问："哎，老兄，你干吗哭呀？"

王华说："我想起了含冤被整死的父亲。"

过了一会儿，陈广也舀了一匙吃了，同样被辣得流出了眼泪。王华故意问道："兄弟，那你哭什么呀？"

"我感到遗憾，你怎么没跟你爸爸一起被人整死！"

王华不露声色叫陈广上圈套，而上了圈套的陈广也是转个弯不动声色地回敬了王华，因此，就产生了并且加强了幽默的功能。

尽管他俩都被辣出了眼泪，但对他们的这次旅游来说，这也许是最愉快的一件事。如果王华不设"圈套"，开始就把"真相"说出，那王华一定是不知幽默之趣的人，也不会有陈广的幽默之辞。

人们在日常社交场合中为什么这么努力也没有理想的幽默效果？往往是因为沉不住气，自以为是。很多人在看出对手的可笑、愚蠢时，或者感到自己受到不公平评价时，不是自作聪明地笑起来，就自以为是地发火，而这一笑、一火，幽默感就被破坏得无影无踪了。

夸张渲染法是对生活中丑因素的极力夸大、渲染，来揭示生活中的某些不合理与不和谐的现象，来对自己和他人的某些无伤大雅的缺点、毛病进行善意的嘲讽和规劝，从而产生幽默的效果。

运用夸张渲染法来制造幽默，离不开丰富的想象力。只有那些具有卓越的想象力，方能使夸张这种很平常的修辞方法，产生出令人惊叹的高级幽默来。

同样是拿自己的肥胖逗乐，这里就有两个高品位的幽默：

一位著名的美国女演员说："我不敢穿上白色的游泳衣去海边游泳，我一去，飞过上空的美国空军一定会大为紧张，以为他们发现了古巴。"

另一位英国作家济斯塔栋曾风趣地说："我比别人亲切3倍，因为我要是在公共汽车上让座，那位子可以坐下3个人。"

这两个幽默都用了夸张渲染法，但由于他们各自丰富的想象力，所以毫不雷同，且各具魅力。听到这种绝妙的夸张，往往能使人忽略了他们身体肥胖臃肿的一面，而能从他们这种雍容自信中感受到一种享受人生的乐观生活态度，这样，"丑"便在这种健康的心灵关照中变成了美。

此外，"顺竿爬"也是夸张渲染法中一种简单易行的幽默方法。"顺竿爬"就是根据现有条件进行"合理想象"和似是而非的逻辑推理，将结果极力夸张、渲染、变形，产生忍俊不禁的效果。

一个女孩因失恋而茶饭不思，形容憔悴，她的一个女友这样安慰她："看你，越来越瘦，你再这样瘦下去，我就把你挂在晾衣绳上，给我当衣架子。"说得她破涕为笑，心里轻松了许多，这位女友就是由她的"瘦""顺竿爬"了一下，竟让她瘦成一副衣架子，这显然是一种巧妙的夸张。

只要笑看人生，笑看自己，你便会体会到幽默的精义。

将错就错，歪理就要歪推

将错就错法是不要立刻纠正对方的荒谬，而是模仿他的推理方法，使戏谑味升级的一种说话技巧。

一位小姐与一位先生正在聊天。小姐认为世界上最锋利的是这位先生的胡子。这位先生不解。小姐说："你的脸皮这么厚，但你的胡子居然还能破皮而出。"

这显而易见是戏谑性的，因为其原因加结果之间的关系是荒谬的。与其说显示先生的脸皮之厚，不如说显示了小姐的口齿之伶俐。在戏谑性的相互攻击中，戏谑性要递增，但方向要恰恰相反。正如中国古代书上所说的以子之矛攻子之盾。

然而，这位先生却将错就错，将这位小姐的荒谬往更荒谬处推演。

他反问："小姐，你知道吗？你为什么不生胡子？"小姐自然不知道。

"因为你脸皮更厚的缘故，连尖锐、锋利的胡子也无法刺破。"

这位先生反攻小姐的根据并不是另行构思的，而是从小姐攻击他的逻辑引申出来的，即：我有胡子是因胡子尖利透了皮肤，而你没有胡子则是因为你的脸皮更厚，再尖利的胡子也无用，同样的前提取得相反的结论，指向不同的目标。

这种以谬攻谬法的幽默特点是后发制人。关键不在于揭露对方的错误，而是在荒谬升级中尽享幽默之趣。而要达到这个目标，得有模仿对手推理错误的能耐。

在通常辩论中，愈是将对方的错误迅速地加以指出，愈是有水准。而在戏谑性幽默中则不然，不但不能揭穿它，反而要去模仿它。

要沉得住气，才能制造语言效果，沉不住气，只是小聪明而已，所谓不动声色，大智若愚者，上也。

模仿荒谬推理能力的大小，取决于类比能力的大小。对方在这一件事上荒谬，你把荒谬回敬给对方，但这时不一定要后发制人，也可以先发制人，关键是抓住类比。

谬上加谬法是一种把荒谬极端化或者把荒谬性层层演进的说话技巧。它要求人不但有幽默感，还要使幽默感的程度加大。这就要求说话高手把微妙的荒谬性扩大为显著的荒谬性，把潜在的荒谬性提高明显的荒谬性。

我国古代有个笑话：一个人非常吝啬，从来不请客，有一次别人问他仆人他什么时候请客，仆人说："要我家主人请客，你非等来世。"主人在里面听到了，骂出声来："谁要你许他日子。"

本来说："来世请客"，已经由于来世的不存在而不可能了，也可以说彻底否定了，说的人和听的人都很清楚，没有任何疑问。从传达思想来说这种极端已经足够了，但是从构成幽默效果来说，还不够，因为它太平淡了，不够极端，幽默感所要求的荒谬，得有点"绝"才成。

这里的主人"绝"就"绝"在明明来世请客是永远不请客的意思，否定的意思，他却认为不够，因为从形式上来说来世请客，句子是肯定的，还没有达到从内容到形式绝对否定的程度；在他看来哪怕是否定请客的可能性，只要在字面上有肯定的样子也都是不可容忍的。正是这种绝对的荒谬产生了幽默感。

有一个古罗马时期传下来的故事是这样的：有一个人想要安安静静地工作，就吩咐仆人，如有来访者就说他不在家。这时有一个朋友来了，远远看到他在家中，虽然他不相信仆人所说的话，仍然回去了。这里没有什么极端化的成分好像很平淡，也没有什么可笑的地方。要让笑意不由自主地产生，就得往极端上推。

故事接下去这样说：

第二天，这个拒绝接客的人，去拜访他的朋友，他的朋友出来对他说："我不在家，我不在家！"

这已经够荒谬了，明明自己出来了，却说不在，但是还不够绝，因为这种荒谬还带着赌气的可能，纯赌气则不属于幽默之列，它与轻松的笑无缘（除非是故意假赌气），客人表示大惑不解。他说：

"你这人太过分了，昨天，我都相信了你仆人的话，而今天，你居然连我亲口说的话也怀疑。"

这话真叫绝了。

绝就绝在一句话中包含着多层次的荒谬，第一个层次，明明在，却说不在；第二个层次，你昨日明明在，却让仆人说不在，这成了我今日说不在的前提；第三个层次，我明明知道你仆人说谎却相信了，因为我比你仆人的地位更高，你更应该相信。

强化幽默效果的方法除了把荒谬推到极端外，还可以将多种荒谬集中在一个焦点上，成为复合的荒谬，我们把它叫作谬上加谬或谬上叠谬。

谬上加谬的特点是它只管一条路往荒谬的结果上推演，歪理歪推才有强烈的幽默感。

来点儿调侃，做一个有趣的人

学会调侃，不仅可以营造愉悦的社交氛围，把严肃的谈话变得活泼轻松，使枯燥的话题富有情趣，也增加了彼此之间的亲和力和认同感，从而一扫精神上的羁束紧张，减轻了生活的压力，有益于身心健康。

调侃并非无聊的戏谑、矫情的卖弄，不是刻意地去制造一些令人生厌的庸俗笑料，它有别具一格的语言特色，它能让诙谐、幽默、妙趣横生的话题更有趣味。高明的调侃并不容易，需要常识，需要涵养，需要语言功底，需要独到的见解和有创意的思维，需要广博的阅历和丰厚的生活积淀。

在生活中，如能换一种心态，调侃一下生活，生活就会变得很快乐。会调侃的人还懂得如何给生活添加作料，受到不公平待遇也会泰然处之，即使心情郁闷，也能通过开玩笑的方式给别人传达某种信息。

在网络上，有人这样调侃：

漂亮点吧，太惹眼，不漂亮吧，拿不出手；学问高了，没人敢娶，学问低了，没人要；活泼点吧，说招蜂引蝶，矜持点吧，说装腔作势；会打扮，说是妖精，不会打扮，说没女人味；自己挣钱吧，男人望而却步，男人养吧，说傍大款；生孩子，怕被老板炒鱿鱼，不生孩子，怕被老公炒鱿鱼。唉，这年月做女人真难，所以要对男人下手狠点。

帅点吧，太抢手，不帅吧，拿不出手；活泼点吧，说你太油，不出声吧，说你太闷；穿西装吧，说你太严肃，穿随便一点吧，说你乡巴佬；会挣钱吧，怕你包二奶，不挣钱吧，又怕孩子断奶；结婚吧，怕自己后悔，不结婚吧，怕她后悔；要个孩子吧，怕没钱养，不要孩子吧，怕老了没人养。这年头做女人难，做男人更难。男人，就要对自己好一点！

这是一种快乐的调侃，虽然没有太多深刻的含义，但调侃终归是调侃，有点道理、有点情趣，能博人一笑就行了，因为生活需要这样的快乐。

在人际交谈中，如何能调侃一下自己和别人，不但能增加谈话当趣味，还能获得一份好心情，我们看这个例子：

在小区活动室玩牌的老张好久都没出现了。今天他一来，牌友老刘就问："老张啊，怎么这几天都没看见你啊？"

老张装出一本正经的样子说："别提了，我被'双规'了！"

老刘吓了一跳，忙问："啊？贪污了？不会吧！"

老张这才嘿嘿笑道："哈哈，我儿子、儿媳妇找我谈话喽，宣布我必须在规定时间、规定地点接送小孙子上幼儿园。"

说到这里，众人才恍然大悟，气氛一下子变得轻松融洽。

调侃不仅能增加谈话当趣味，还能躲避一些敏感的话题和一些不能正面回答的问题。在调侃中，你转移了别人对某个问题的关注，让紧张的气氛变得轻松。

我们再看这个例子：

冬冬在路上邂逅多年未见的女同学，对方激动得手舞足蹈，这一情景被冬冬的老婆看在眼里，心里很不是滋味。事后，老婆就问冬冬那个女同学是他以前的恋人吗，冬冬一脸无辜地解释说："老婆大人，小的冤枉啊！我素来都有惧内的优良传统，从来都是你指东我不敢指西，哪敢做出有违圣旨的事啊？再说我这种一不高，二不帅，外加一个空口袋的人，她怎么会看上我呢？也就你看我一个人孤苦伶仃怪可怜的，出于人道主义收留我，我感恩戴德还来不及呢！"

冬冬的调侃使老婆笑开了怀，使劲地捶了他一拳说："哼，叫你贫嘴！疼不疼？"

冬冬就接着说："痛并快乐着。这就叫执子之手，与子偕老！"

面对老婆的怀疑，冬冬用诙谐的语言调侃自己，成功转移了话题，还博得了老婆的欢心，两人关系更加亲密和谐。所以说，严肃的事轻松表达，伤心的事玩笑表达，别人也会从你的调侃中感受到你深深的智慧。

此外，"篡改"一些脍炙人口的经典语句，让人乍听起来感觉熟悉但是细听才发现意思不同，也会起到很好的调侃效果。一些经典名句、熟语、歌词、广告，等等，是这种借鉴式调侃的最佳原料，比如：

钱不是问题，问题是没有钱。

钻石恒久远，一颗就破产。

水能载舟，亦能煮粥。

一山不能容二虎，除非一公和一母。

这个世界本没有路，走的人多了，有路也没有用了。

丑媳妇迟早见上帝。

洛阳亲友如相问，一手好牌愣没胡。

众里寻他千百度，蓦然回首，那人却在，结婚登记处。

喝八宝粥、吃八宝饭、品八宝茶、睡八宝山。

思想有多远，你就给我滚多远。

适当的调侃能增强谈话的趣味，能巧妙地转移话题，但调侃也不能过度，否则也会引发别人的怀疑，以为你不尊重他，说在嘲笑他。因此，调侃要看时间、地点、对象，说话要分轻重，这样才能使调侃为你的口才增添光彩。

第五章
赞美的话要亮，句句体现着情商

为人处世时，不要以为一味地赞美就能赢得他人的心，因为陈词滥调或者不着边际的赞美只会惹人生厌。赞美的直接目的是让对方高兴，如果你不想让对方出现审美疲劳的话，赞美的话一定要有新意，切忌老调重弹。

喜新厌旧是人们普遍具有的心理，所以赞美他人时要尽可能有些新意。陈词滥调的赞美，会让人觉得索然无味，而新颖独特的赞美，则会令人回味无穷。

赞美要带着情商

心理学家威廉·杰姆斯说："人性最深层的需要就是渴望别人欣赏。"心理学研究发现，人性都有一个共同的弱点，即每一个人都喜欢别人的赞美。一句恰当的赞美犹如银盘上放的一个金苹果，使人陶醉。

赞美人并不是一件容易的事，正如水能载舟亦能覆舟一样。适当的赞美之词，恰如人际关系的润滑剂，使你和他人关系融洽，心境美好；而肉麻的恭维话却让人觉得你不怀好意，从而对你心生轻蔑。

古时有一个说客，说服别人的功力堪称一流。他曾当众夸口道："小人虽不才，但极能奉承。平生有一志愿，要将一千顶高帽子戴给我遇到的一千个人，现在已送出了999顶，只剩下最后一顶了。"一长者听后摇头说道："我偏不信，你那最后一项用什么方法也戴不到我的头上。"

说客一听，忙拱手道："先生说得极是，不才走南闯北，见过的人不计其数，但像先生这样秉性刚直、不喜奉承的人，委实没有！"长者顿时手持胡须，扬扬自得地说："这你算说对了。"听了这话，那位说客哈哈大笑："恭喜先生，我这最后一顶高帽已经戴到先生头上了。"

这个故事生动地说明了，再刚正不阿的人，也无法拒绝一个说到他心坎上的赞美。

很多人都说自己并不喜欢听到别人对自己的赞美，那只是他们不喜欢听到重复、老套、空洞的赞美。高情商的人赞美别人的时候，往往会让人听"上瘾"。

那什么是高情商的赞美？来看两段对话。

有个女生买了一个包包。你可以这样说："哟，这个包包真漂亮，从哪里买的？我前段时间也看上这款了，记得很贵的，怎么也得四五千元。"

对方说："没有啦，也就 1000 多点。"

"不会吧，完全看不出来，你就骗我吧。"

这是通过物贵来赞美，当然，也可以通过"人贱"来赞美。

遇到一个锻炼身体的老人，你可以说："您老人家这腿脚，这身子骨，有 55 了吗？"

"哪有，早过了，今年 78 啦。"

"不会吧，看上去至少要年轻 10 岁啊。"

想必老人听了，心里会乐开了花。

可以说，每个人身上都可以找到值得夸赞的地方，只要你的情商足够高，就会发现不同的赞美点。

在居民小区的早点铺子里，有两位顾客都想让老板给他添些稀饭。一位皱着眉头说："老板，太小气啦，只给这么一点，哪里吃得饱？"结果老板说："我们稀饭是要成本的，吃不饱再买一碗好啦。"无奈这位客人只好又添钱买了一碗稀饭。另一位客人则是笑着说："老板，你们煮的稀饭实在太好吃了，我一下子就吃完了。"结果，他拿到一大碗又香又甜的免费稀饭。

两个人两种说方式，得到两种不同的结果，可见会说话是多么的重要。在我们的生活中，人人都需要赞美，赞美不一定要把人夸得心花怒放，许多时候，它是一种社交礼仪、素养、情商的体现。

比如，我们到菜市场买菜的时候，有的摊贩嘴很甜：

"这位帅哥，要来点什么，都便宜处理了。"

"这位美女，想买点什么，今天特价。"

见到一位女士就是"美女"，对方听了，也会欣然接受：既然这么热情，谁家都是买，就买你家的吧。结果，嘴甜的商贩生意特别好。

所以说，人人都喜欢被赞美，但是，与矫揉造作、阿谀奉承，这种拍马屁式的赞美不同，高情商地赞美别人，一定要表现出一种诚意，一种胸怀，一种发自内心的欣赏。

赞美的话要适可而止

几乎每个人都喜欢美食，但即使是自己最爱吃的东西，吃得太多也会觉得腻。赞美也是如此。虽然人人都爱听好话，但是对他人赞美的话语并非就是多多益善。有时候，赞美的话说得过了头，反倒会弄巧成拙。

下面给大家讲一个日本超级保险推销员原一平刚开始运用赞美时，赞美过分的故事。

原一平到一位年轻的小公司老板那里去推销保险。进了办公室后，他便赞美年轻老板："您如此年轻，就做上了老板，真了不起呀，在我们日本是不太多见的。能请教一下，您是多少岁开始工作吗？"

"17 岁。"

"17 岁！天哪，太了不起了，这个年龄时，很多人还在父母面前撒娇呢。那您什么时候开始当老板呢？"

"两年前。"

"哇，才做了两年的老板就已经有如此气度，一般人还真培养不出来。对了，你怎么这么早就出来工作了呢？"

"因为家里只有我和妹妹，家里穷，为了能让妹妹上学，我就出来干活了。"

"你妹妹也很了不起呀，你们都很了不起呀。"

就这样一问一赞，最后赞到了那位年轻老板的七大姑八大姨，越赞越远了。最后，这位老板本来已经打算上原一平的保险的，结果也不买了。

后来，原一平才知道，原来那天自己的赞美没完没了，本来刚开始时，那位老板听到几句赞美后，心里很舒服，可是原一平说得太多了，搞得他由原来的高兴变得不胜其烦了。

恰到好处、恰如其分的赞美，才是得到事半功倍的效果的关键，过多的赞美就适得其反了。在办公室里，常常有这样一群人，他们总是喜欢对着谁都是一阵吹捧，尤其喜欢向上司大献殷勤，以为这样就能够博得上司的好感，从而获得升迁。事实上，这可能一点作用也没有起到，说不定还起了反作用。

某公司有一个特别爱拍马屁的人，只要一看到他们部门经理，就马上赞美一番。无论是经理的发型、领带、衣服、裤子、鞋子等，从头到脚都被他夸奖了一番。他自以为这样就能给经理留下好印象，殊不知，经理每次都被他夸张的赞美弄得很烦，但因为其他同事在场不好发作。

有一次，公司的一个重要的方案交给这个人做，做完后他自我感觉良好。交上去就一直等待着被经理表扬。经理果然喊他到办公室一趟，他以为他终于要被表扬了，说不定还要被提拔，心情很放松。进入办公室，他还没等经理开口，又开始夸赞经理的办公室布置得如何的好，经理这时脸色冷清地说："你嘴皮子的功夫倒是比你做方案的功夫好多了，看看你做的方案，出了这么多错！"

说赞美的话也有学问，并非是人人都能把赞美的话说到恰如其分。赞美也要适可而止，注意技巧，既能使对方欣然接受，不觉得赞美之言过火而心生烦躁，而且还要赢得对方对自己的好感，以达到其真正的赞美效果。赞美的语言是对别人言行举止，或者身上的某个细节，或者做事成效的一种表扬，要使用得当、恰到好处，并非是越多越好，过分的语言，不切合实际的赞美，那就过犹不及了。

赞美其实是一门奥妙无穷的学问，"赞美"的实质是能够抓住所赞美事物的实质。生活中，有些人经常会犯一些错误，就是见了什么都说好，信马由缰、天花乱坠、不懂装懂，本来的赞美之言，听起来倒像讽刺。作为一个赞美者，赞美不适度，反而会适得其反。因此，赞美别人一定要适可而止。赞美的尺度掌握得如何，往往直接影响赞美的效果。记住，恰如其分、点到为止的赞美才是真正的赞美。使用过多的华丽辞藻，过度的恭维、空洞的吹捧，只会使对方感到不舒服，不自在，甚至难受、肉麻、厌恶，其结果肯定是不尽人意。

赞美用词要优雅得体

抓住一个人的独特之处进行委婉地赞美，最能赢取人心，调节气氛。要有敏锐的观察、机智的应变能力才能达到的境界。

《红楼梦》中有这样的描述：史湘云、袭人劝贾宝玉为官宦，走仕途之路，贾宝玉大为反感，对着史湘云和袭人赞美黛玉道："林姑娘从来没有说过这些混账话！要是她说这些话，我早就和她生分了。"凑巧这时黛玉正好来到窗外，无意中听到这番话，使她不觉又惊又喜，又悲又叹。这之后，贾宝玉和林黛玉之间的感情更加深厚了。

赞美别人，不单单是甜言蜜语，还要根据对方的文化修养、性格、心理需求、所处背景、语言习惯乃至职业特点、个人经历等不同因素，恰如其分地赞美对方。

张之洞任湖北总督时，适逢新春佳节抚军，谭继恂为了讨好张之洞，设宴招待他，不料，席间谭继恂与张之洞因长江的宽度争论不休。谭继恂说五里三，张之洞认为是七里三，两人各持己见，互不相让。眼见气氛紧张，席间谁也不敢出来相劝。

这时位列末座的江夏知县陈树屏说："水涨七里三，水落五里三，制台、中丞说得都对。"这句话给两人解了围，俩人拊掌大笑，并赏陈树屏 20 锭银子。

陈树屏巧妙且得体的言辞，既解了围，又使双方都有面子。这种赞赏就充分考虑了听者的心理和当时的情况。

人的素质有高低之分，年龄有长幼之别，因而特别的赞美比一般的赞美能收到更好的效果。老年人总希望别人不忘他当年的业绩与雄风，同其交谈时，可多称赞他引以为豪的过往；对年轻人，不妙语气稍微夸张地赞扬他的创造才能和开拓精神，并举出几点实例证明他的确能够前程似锦；对于经商的人，可称赞他头脑灵活、生财有道；对于有地位的干部，可称赞他为国为民、廉洁公正；对于知识分子，可称赞他知识渊博、宁静淡泊。当然这一切要依据事实，切不可流于虚情假意与浮夸。

在生活中，并不是人人都有好口才，许多人的赞美往往"美"不起来。有的人说话不自在、不自然、不连贯，甚至面红耳赤，自己别扭，别人听了更别扭。还有的人因为不能恰当地运用赞美的语言，以致词不达意，反令被赞者极为尴尬。

一次，小刘的几位中学同学到自己家玩。刘妈妈对人非常热情，同这些当年的"小毛头"亲切地交谈起来。

听到大家都大学毕业了，工作也都不错，刘妈妈眼里流露出既高兴又羡慕的神色，摇着头叹息说："你看你们，是多好的孩子！一个个油光满面，到哪都讨人喜欢。俺那个崽，不会来事，三脚踹不出个屁来，到现在还没找到工作呢。"

一句话差点儿让大家背过气去，笑也不是，怒也不成。老太太本是好意，想夸奖他们一下，也许想说一句"春风满面"，但却用了一个"油光满面"意思来了个180度的大转弯。大家虽然都知道她老人家是一位文化不高的农村妇女，不知从哪里捡来一个连她自己也弄不懂的词语，但让人无言以对。

笨拙的讲话就像一架破烂不堪的录音机，使赞美这本该美妙动听的旋律变得刺耳难听，不能打动人、感染人，反而会损伤人的情绪，扭曲原意。

在一次管理层会议上，一位报告人登台时，会议主持人介绍说："这位就是吴女士，几年来她的销售培训工作做得非常出色，也算有点儿名气了。"

这末尾一句话显然是画蛇添足，让人怎么听都觉得不太舒服，什么叫也算有点儿名气呢？称赞的话如果用词不当，会让对方感觉不像赞美，倒更像是贬低或侮辱。因此，在表扬或称赞他人时一定要谨言慎行，注意措辞，尤其要把握好以下几条原则：

（1）列举对方身上的优点或成绩时，不要举那些无足轻重的内容。比如，向客户介绍自己的销售员时说他"很和气"或"纪律观念强"之类与推销工作无关的事。

（2）赞美中不可暗含对方的缺点。比如，一句口无遮拦的话："太好了，在屡次失败之后，你终于成功了一回！"

（3）不能以你曾经不相信对方能取得今日的成绩为由来称赞他。比如，"真想不到你居然能做成这件事"，或"能取得这样的成绩，你恐怕自己都没想到吧！"

总之，称赞别人时在用词上要再三斟酌，千万不要胡言乱语。

赞美的话要说到点子上

赞美要有点专业精神，大而泛的"真好啊""真美啊"之类的赞美，虽也属于赞美，但让人感到乏味与空洞，受到你赞美的人也激不起多少惬意。如果碰上多心或不够自信的人，说不定还会引起困惑或不安：会不会是故意这样说的呢？难道……

打个比方，别人要你看一篇他发表的文章。你看完后，只知道说"好啊，好啊"的，很难取得赞美的效果。好在哪？视角独特？结构严谨？行文雅致？字字珠玑？难道是因为在他的文章中找不到半点此类优点，才不得不空泛地说好？

邹忌在赞美齐威王琴艺时，是这么说的："……大王运用的指法十分精湛纯熟，弹出来的个个音符都十分和谐动听，该深沉的深沉，该舒展的舒展，既灵活多变，又相互协调，就像一个国家明智的政令一样……"

邹忌的赞美恰到好处，让人听了不会觉得他在故意逢迎，而是真心的赞美，但要恰到好处，多少需要一点专业知识，也就是说要"懂行"。懂行的话，你就能抓住需要赞美的事和物的本质，不会说乏味肤浅的空话。许多人常犯外行的错误，见了什么都说好，见了谁都说高，有的是不懂装懂，有的是只知其一，不知其二，语言不到位，说不到点子上，切不中要害，缺乏力度。

当然，世上的行业多如牛毛，我们不可能成为一个全才或通才。很多事物我们都没有拥有足够的知识去品味。这需要我们在平时有空时多学习，扩大知识面。同时，对于你不具备基本知识的事物，在主动赞美时就应该避开。而在别人请你鉴赏或评论时，也可以实实在在地说明自己不懂，然后以外行的眼光简单地赞美也无可厚非。

　　有一次，我和几个朋友去拜访一位作家，谈到他新发表的中篇小说，有的说："写得真感人！"还有的说："我恐怕一辈子也写不出这么优秀的小说出来了。"其中有一位朋友说得有点特色："常言道，文如其人。您的这个小说，全文大开大合，显示了您为人的大气；行文洗练，和您做事干脆利落的风格一致；对小人物的细腻刻画中，又见您善良悲悯的人文情怀；写的虽是悲剧但没有过多地沉浸于伤感，而是将视角抬升到了产生悲剧的原因，说明您对社会有着深刻的思考。"夸文赞人，在行在理，独辟蹊径，巧妙地换了个新角度，令人耳目一新。他的赞美与众不同，技高一筹。

　　可见，见解深刻的赞美是多么与众不同，不仅能让人对你刮目相看，更重要的是，能让被赞美者产生真实的认同感，能让他产生与你积极沟通与交流的愿望。

赞美要有新意，忌老调重弹

为人处世时，不要以为一味的赞美就能赢得他人的心。因为陈词滥调或者不着边际的赞美只会惹人生厌，赞美的直接目的是让对方高兴，如果你不想让对方出现审美疲劳的话，赞美的话一定要有新意，切忌老调重弹。

有这么一个故事。

一位将军听说有人称赞他漂亮的胡须，非常高兴，因为之前，几乎所有人都会称赞他的英勇善战及富于谋略的军事才干。作为一个军人，不论在这方面怎样赞美他，他都很少会产生自豪感，而赞美他胡须的那个人，他的聪明之处在于，在他的赞美词中增加了新的条目，使他的赞美让人耳目一新。

由此可见，有新意的赞美是多么重要。

有新意的赞美之所以让人印象深刻，是因为它反映了赞美者较高的情商，以及他对被赞美者的深入了解和独具匠心的观察。因此，在赞美别人的时候，要花一些心思，多添加一些新鲜的元素，这样会提升赞美的效果。

1. 配合一个小礼物进行赞美

一次，王经理过生日的时候，收到下属的一件礼物，是一条领带。这个礼物选得有品位，又不夸张。更有意思的是，下属还对王经理说了这样一句话："谢谢您一直以来的信任，希望您继续领着我、带着我，一起成长和进步。"

哪个领导会拒绝这样送来的"领带"呢？可以看得出来，这位下属不只是嘴上说说而已，私下他是用了心的。所以说，如此的赞美，自然难以让人拒绝。

2. 适当赞扬他人的缺点

赞扬缺点？那不是反讽，或是挖苦对方吗？当然不是，这要看你的情商与话术了。应用这种方式赞美他的人原理是：对于优秀的人来说，被他人赞扬是很常有的事，所以如果你仍然赞扬对方的优点，很难给对方造成深刻印象，这时，可以从他的缺点入手进行赞美。比如，一位身材很好的女生，皮肤稍黑，你再说她身材好，很难能给她留下深刻的印象，因为有太多的人说过她身材好，那你可以说："你的肤色看上去非常健康，一看你就经常运动。"

当然，赞扬他人的缺点也有相当大的风险，操作起来难度较大，很容易让对方觉得你是在"讽刺"他，因此，使用这种方法一定要考虑双方的关系，说话的场合等。

3. 利用第三者进行赞美

如果你跟对方有不少的共同朋友，则非常适合使用这个方法。比如：

"小何曾跟我讲过，他觉得你做事很靠谱，很实在。"

"说实话，无论是长辈，还是我的一些朋友，当他们谈及你的时候，都对你赞赏有加。"

接着，你感受一下下面的两说法，哪种更好一点。

"你读书真的很用功。"

"张老师跟我说过，你读书真的很用心。"

这两者的区别。我们有时潜意识认为，眼前和我聊天的这个人，可能会因为利益而讨好我、说好话。而转述第三者的赞美就不一样了，让人感觉更加真实，不做作。

这里需要注意的是，你在赞美对方时提到的"第三者"最好是对方比较信赖或是看重的人。有时，我们说对方如何如何，对方不一定会相信，当你通过第三者之口赞美时，可信度更高。

4. 公开场合进行赞美

很多时候，在公开场合赞美，要比私下赞美更有说服力。比如，你和老王一起跟领导汇报工作，你说："李总，我们小组这次项目之所以能够顺利地完成，很大程度也是因为有老王的帮助。他给我们提供了非常详细的数据，讲解时也很耐心，真的很不错……"这时，老王定会向你投来感激的目光。公开赞美不仅表示出了你的诚意，也让其他人对他有更多积极的了解。你既表示出了自己真诚的品质，也提高了他在圈子内的名声，对方有什么理由不喜欢你呢？

5. 加一点善意的谎言

当一个人身上不具备某些优势时，适当的赞美也可以让其信心倍增。出于这样的善意，高情商的人在赞美别人的时候，也会点缀一点谎言。

鼎鼎大名的音乐家勃拉姆斯是个农民的儿子，由于因家境贫寒，从小没有接受过良好的教育，更别说系统的音乐训练了，因此勃拉姆斯很自卑，音乐变成了他遥不可及的梦想。

一次勃拉姆斯认识了音乐家舒曼，并且受到舒曼的邀请去做客。勃拉姆斯坐在钢琴前弹奏起自己以前创作的一首 C 大调钢琴鸣奏曲，弹奏的有些不顺畅，舒曼则在一旁认真地听。一曲结束后，舒曼热情地张开怀抱，高兴地对比拉姆斯说："你真是个天才呀！年轻人，天才……"

勃拉姆斯有些惊讶地说："天才？您是在说我吗？"他简直不敢相信自己的耳朵，因为从来没有人这样的夸奖过他，从此，勃拉姆斯消除了自卑感，并拜舒曼为师学习音乐，改写了自己的一生。

其实，伯母拉斯的演奏水平还没有那么高，但是舒曼却用善意的谎言为他坚定了信心，使勃拉姆斯变成了一个有激情、自信的人。因此，用善意的谎言赞美别人，可以激励对方，让他的生出信心和勇气。

　　喜新厌旧是人们普遍具有的心理，所以赞美他人时要尽可能有些新意。陈词滥调的赞美，会让人觉得索然无味，而新颖独特的赞美，则会令人回味无穷。

寓鼓励于赞美之中

不是任何赞美都会产生正面效应，任何事情都要有个"度"。对学生、下属、晚辈等表示赞美，如过分使用溢美之词则可能会助长对方骄傲、自满、浮躁的情绪，不利于对方学习、工作、做人等的进一步发展。如一位母亲赞美孩子："你是一个好孩子，你这种刻苦的精神让我很感动。"这种话就很有分寸，不会使孩子骄傲，但如果这位母亲说："你真是一个天才，在我看到的小孩中，没有一个人赶得上你的。"那就会使孩子骄傲，把孩子引入歧途。

这就要求我们在赞美这类人时应当把握好分寸，适可而止。少一些华丽的不切实际的溢美之词，多一些实实在在的引导、肯定和鼓励，既满足对方自我价值实现的心理，又令其感受到肩上的责任和期冀，从而更加努力上进。

丰子恺考入浙江第一师范大学后，李叔同教他图画课。在教写生课时，李叔同先给大家示范，画好后，把画贴在黑板上，多数学生都照着黑板上的示范画临摹起来，只有丰子恺和少数几个同学依照李叔同的做法直接从石膏上写生。李叔同注意到了丰子恺的颖悟，一次，李叔同以和气的口吻对丰子恺说："你的图画进步很快，我在南京和杭州两处教课，没有见过像你这样进步快速的学生。你以后，可以……"李叔同没有紧接着说下去，观察了一下丰子恺的反应。此时，丰子恺不只为老师的赞扬感到欢欣鼓舞，更意识到在老师没有说出的话当中包含着对他前程的殷切希望。于是，丰子恺说："谢谢！谢谢先生！我一定不辜负先生的期望！"李叔同对丰子恺的赞扬，激励他走上了艺术道路。丰子恺后来说："当晚李先生的几句话，确定了我的一生……这一晚，是我一生中的一个重要关口，因为从这晚起，我打定主意，专门学画，把一生奉献给艺术，几十年来一直没有变。"

将鼓励寓于赞美之中，一定要注意赞美须具体、深入、细致。

抽象的东西往往很难确定它的范围，难以给人留下深刻印象；而美的东西应该是看得见、摸得着的，感受得到的，像前面的母亲夸孩子刻苦，这很具体。如果要称赞某人是个好推销员，可以说："老王有一点非常难得，就是无论给他多少货，只要他肯接，就绝不会延期。"所谓深入、细致就是在赞美别人的时候，要挖掘对方不太显著的、处在萌芽状态的优点，因为这样更能发掘对方的潜质，增加对方的价值感，赞美所起的作用就更大。

譬如说，有人送你一个花瓶，你说一句感谢话自然是必需的，但称谢的同时，再加以对花瓶的称赞，赠送者一定会更高兴。"这花瓶的式样很好，摆在我的书桌上是再合适不过了。"称赞中要隐喻对方的选择得宜，他听了一定很高兴，说不定他下次还有另外一件东西送给你呢！

"好极了，这张唱片我早就想买了，想不到你送来了。"如果真是你渴望了许久的东西，你应该立即告诉送给你的人。

"对我来说这收音机再合适不过了，以后每天我们都可以有一个愉快的下午了。"直接把你打算如何使用这礼物说出来，是一个很好的赞美方法。

"我从来不曾有过这么漂亮的手帕。"把最大的尊荣给予赠送者，他一定会感到很高兴的。

感谢和称赞，是有密切的连带关系的。"承蒙你的帮助，我非常感谢。"这仅仅是感谢，如果再加上几句："要不是靠你的帮助，一定不会有这么好的结果。"加上了这样一句话，就觉得完美多了。

学会高情商地嬉笑怒骂

在球场上，我们经常听到踢球或打球的小伙子们用粗俗的语言来赞美对方，大家不仅不觉得刺耳，反而觉得有一种十分朴实、真挚的情谊隐于其中，而受到夸奖者也不以粗话为不敬，相反，往往更加得意、十分快活，有时还会用粗话还击，将对方着实地再夸上一番。在一场足球赛中，一个小伙子截到球后，快速出击，左躲右闪，连过数人，飞起一脚攻破对方大门。只见胜方的队员们个个大喜，一个小伙子冲上去就给那位破门勇士一拳，大叫着："真是'牛'脚。"两人哈哈大笑。

看来，只要骂得得体，同样会有夸奖的效果。大概这正反映了男人们渴望挣脱枷锁、追求野性力量的一种心态吧！真实，嬉笑佯怒又何尝不是赞美之法呢？

赞美一个人，并不是做报告或谈工作，没必要十分严肃。赞美贵在自然，它是人际交往活动中在一定场景下的真情流露。僵硬、虚夸、做样的赞美，即使是出于真心实意，也会让人反感、提防，甚至将你归于阿谀小人之列。赞美的方式是多种多样，而且是千变万化的，在嬉笑怒骂间常可收到出奇的效果，从而增进你与朋友的友谊。

有位大学生，成绩总是第一，大家打心眼儿里佩服他、尊敬他。一次，他又考了第一名。在饭后的"侃大山"中，好几位同学都夸了他，却没有一位是用直接赞美的方式。一位同学故作心痛，手捂胸口，叹息道："既生我，何生你。"引得众人大笑。另一位作嬉皮笑脸状："今晚跟我去看录像吧，既然我赶不上你，把你拉下马也成。"而另一位同学则一副怒不可遏的样子："这日子没法过了。"惹得同学们一阵欢笑。那位成绩第一的同学也跟着大伙笑，并真诚地表示自己一定会尽全力帮助别人。他在同学们中的形象更好了。

嬉笑怒骂皆赞美是要讲究对象、场合和方式方法的。如果不顾及你与对方的关系、所处的环境而滥用此法，别人就会觉得你不庄重、不真诚、俗不可耐，不但不能收到赞美对方的效果，反而会影响自己的形象。

一般来说，嬉笑怒骂应用于非正式的场合，如在聊天、锻炼、娱乐中，在比较正式的场合，特别是大庭广众之下，切忌这些太随便的方式。

另外，嬉笑怒骂用于青年人中间，特别是同学、朋友间比较合适。对话人之间应彼此熟悉，关系较为亲密。一般的朋友或初次见面时，则不宜采用此法。在有上、下级关系或长、晚辈关系的人之间，更不宜用嬉笑怒骂的方式来赞扬对方。

嬉笑怒骂还不宜使用得过于频繁，因为这种正话反说、随随便便的赞美方式本身就有一定的冒犯他人的性质，如使用过滥，不仅会使赞美串了味，使对方误以为你是在挖苦他，而且你个人的形象也会因此受到极大的损害。

高情商者善于背后夸人

我们都知道，在背后说一个人的坏话是会传到当事人的耳朵里，但是却很少想过，在背后赞美一个人也是会传到对方耳朵里。常常，我们为了讨好别人，朋友、同事或者上司，总是拼命地想尽办法想说出些打动他们的话，但是很多时候却没看到什么效果。殊不知，在背后的赞美往往会有奇效。

有一家公司的经理，是一个很有才能的人，但是脾气比较古怪。由于经理对公司的经营有方，使得公司赢利丰厚。因此，经理难免飘飘然，希望多听到下属对自己的称赞和恭维。

刚开始，每当经理谈成一笔生意的时候，下属们都交口称赞，经理也很得意，心花怒放，可是时间久了，经理感觉这样的赞美太单一，也觉得这样的称赞缺乏诚意，有些索然无味了。就算有人当着他的面，把他夸上了天，他也显露不出一丝的满意。因此，当着经理的面，大家都不知道该赞美好呢，还是默不作声好。

有一次，经理又成功地谈成了一笔大生意，非常开心地和下属们开庆祝会。公司里新来的小彭一直都很景仰经理，这次更感觉经理是商业上的天才，因此，忍不住向身边的同事赞美起了经理，并表示能跟着这样的经理做事，真是受益匪浅，还说要以经理为目标。

后来，经理从别人的口中听到了小彭对自己的夸赞，心里十分开心，他满意地对大家说："像小彭这样工作努力又谦虚的员工，才是我们公司要培养的目标啊。"

很快，小彭就受到了经理的重用，职场生涯也因此平步青云。

因此，某些时候，如果你要赞美一个人时，背后说的效果往往比当面说的效果不知道要好多少，因为，当面夸赞一个人，别人也许会以为你是在讨好他，可能不会放在心上，而背后赞美一个人，往往让别人觉得你特别真诚，他也会打心底高兴，对你产生好感。换个角度想，如果有人告诉你，某某在背后说了你很多好话，你是不是也会特别高兴呢？所以，这样方式对每个人都是受用的。

在日常生活中，如果我们想赞扬一个人，不便对他当面说出或没有机会向他说出时，可以在他的朋友或同事面前，适时地赞扬一番。

据国外心理学家调查，背后赞美的作用绝不比当面赞扬差。此外，若直接赞美的度不足会使对方感到不满足、不过瘾，甚至不服气，过了头又会变成恭维，而用背后赞美的方法则可避免这些问题。因此，有时不适合当面赞扬时，不妨通过第三者间接赞美，这样的效果可能会更好。

每个人都认为"天生我材必有用"，工作中的每一点成绩都将使自己有一种自豪感。因此，在工作中恰到好处地赞美合作者所付出的才智、汗水、努力和作用，会使对方感到自己在工作中的价值，获得心理上的满足，使合作双方的关系更融洽。

搔痒要搔到痒处

搔痒要搔到痒处，这是一个很浅显的道理。同样，赞美的话要说对方心里。口才高手的赞美，高就高在能够发现平常人所未注意到的痒处，用语言作为搔痒的搔子，搔得别人神清气爽，五体通泰。

人云亦云的赞美虽然也是赞美，但也最多是聊胜于无的赞美而已。口才高手会努力地去发现、去挖掘别人所看不到的地方。你要是赞美袁隆平对于水稻培育甚至对于人类做出了多么大的贡献，虽然说的是事实，但他一定不会怎么在乎，因为这一块早就被众多高官、媒体及千万张嘴赞过了，早就结了厚厚的茧子，你的这一下搔过去，铁定没有任何感觉。口才高手的赞美就会不同，会发掘他不为大众所知的一面来赞美，比如夸他摩托车技术好，赞他饭菜做得好。这样效果一定会好很多。爱因斯坦就这样说过，别人赞美他思维能力强，有创新精神，他一点都不激动，作为大科学家，他也听腻了这样的话，但如果赞美他的小提琴拉得不错，他一定会兴高采烈。巧的是，袁隆平也爱好拉小提琴，并且技术也不错，在公开场合有过即兴表演，或许从这个角度来赞美，是会有不错的效果的。

对于任何一个人而言，最值得赞美的，不应是他身上早为众所周知的明显长处，而应是那蕴藏在他身上，既极为可贵又尚未引起重视的优点。正如安德烈·毛雷斯曾经说过的："当我谈论一个将军的胜利时，他并没有感谢我，但当一位女士提到他眼睛里的光彩时，他表露出无限的感激。"

有一位非常精明强干的大商业家叫沃普尔，吉斯菲尔伯爵对他评价道："他的才干是无须别人赞美的，因为对于这一点，他自己知道得很清楚。他喜欢周旋于美女之间，有风流浮滑的名声，因此他愿意别人谈他温文尔雅。他在这一点上是极易被人赞美恭维的，这也是他常常爱好与人交谈的话题。由此可以证明，这是他的弱点所在。"

于是，我们可以寻找一把钥匙来打开他人的渴望赞美的隐秘之门，只要你观察他们最爱谈的话题便可，因为言为心声，他们心中最希望的，也是他们嘴里谈得最多的。你就在这些地方去赞美他，一定能搔到他的痒处。

几句恰到好处的赞美，之所以能起到金石为开的作用，皆因能找到不同的典型人物所偏爱的赞美。一个叫凯雷的人对赞美的妙处总结道："有一回，我得到机会对身居最高法院大法官的博罗使用赞美术。你知道，大法官总是铁面无私的一副面孔，其内心世界隐藏得很深，一般人想赞美他，恐怕马屁会拍到蹄上了呢。那时，博罗刚好在西部某大学做完演讲。我很明白，如果我对这位老先生说一些关于他的演讲的话，是不会讨好他的，因为演讲对他来说，已经是老调了，可以说犹如锦囊探物一般有把握。于是我对他说：'大法官，我真想不到一位主宰最高法庭的人，会这样富有人情味。'他立刻对我发出会心满意的微笑。"

"有不少人，他们喜欢听相反的话；更有许多的人，喜欢别人把他们当作有理智的思想家。有一回，我与一个人讨论一件颇有争议的社会问题，我对他说：'因为你是这样的冷静、敏锐，因此我想知道，我们究竟应该站在什么立场？'他听了我的话，立刻表现出满面春风的样子，并详细地对我说了他对此事的立场态度。原来此人是愿意人家说他是敏锐、冷静的。"

吉斯菲尔还告诉我们："几乎所有女人，都是很爱美的，这是她们最大的虚荣，并且常常希望别人赞美这一点，但是对那些有沉鱼落雁之容、闭月羞花之貌的倾国倾城的绝代佳人，那就要避免对她容貌的过分赞誉，因为她对于这一点已有绝对的自信。如果你转而去称赞她的智慧、仁慈，如果她的智力恰巧不及他人，那么你的称赞，一定会令她芳心大悦，春风满面的。"毫无疑问，吉斯菲尔的话，能启发我们赞美的思路。

相对搔在长了厚茧的麻木处来说，搔到别人疼处就更加失败与倒霉透顶了。大李去老吴家拜访，见墙上挂着一幅照片，照片上是一个十七八岁的女孩。大李问："这是……"老吴回答："哦，我女儿。"大李一阵猛夸孩子长得漂亮乖巧，赞老吴命好，却没有得到老吴多少回应。后来，大李才在偶然之中，从别人口里得知老吴的女儿在几年前因为车祸离开了老吴。虽说不知者无罪，但大李要是警醒一点的话，或者会话水平高一点，是不至于发展到拼命夸赞，甚至说什么命好之类的话去伤害老吴的。

赵总今年 40 岁，但看起来比较显老。一天，来了一名新员工，在办公室聊天，新员工说赵总显得年轻。赵总就让他猜猜他的年龄，新员工说："您最多 50。"赵总很失望地摇摇头，周围的老员工也忍不住在偷偷地笑。新员工连忙问："那我猜的与您的年龄相差多少呀？"赵总说："10 岁。"新员工兴奋地说："您真显年轻，说您 60，我还真不信。"看看，又是一个蹩脚的"赞美大师"，老总长得太显老不是你的错，你眼拙猜错了 10 岁也就算了，无法更改了。为什么不在听说相差 10 岁时，把年纪往小 10 岁来说呢？"哎呀，您原来是 40 岁，您看我真笨，猜得太离谱了！"管他到底是 40 还是 60，反正就该往好的地方说。

由上面的两个例子可见，没有把握的事情，切不可随意贸然行事、放肆赞美。如果一定要赞美，不妨先尽量来点火力侦察，探探底，摸摸情况再作是否深入的定夺。

第六章
批评没效果？是你情商不够

用善意的话去述说一件自己不喜欢的事情，这不仅是一种高情商的表现，更是一种为人处世的方法。尤其是我们必须"批评"别人的时候，一定要把握住分寸，照顾对方的接受能力。有些情商低的人不注意的这一点，只会尽情指责与发泄，只会批评批评再批评，却不曾考虑对方的接受能力，结果往往会让对方很难堪，甚至引发更大的冲突。

看人不顺眼，是因自己情商不够

"如果你指挥不了自己，就无法指挥别人。"许多时候，当你带着个人好恶、感情来评价一个人时，往往会夸大对方的优点或缺点。而当你习惯看到别人的缺点，并借以表示自己的客观、正确，甚至高尚时，往往不是那个被评价的人有问题，而是你的情商不够。

在生活或工作中，经常见到这样的人：对身边的某个人怎么看都不顺眼，逢人就说："你看那个谁谁，怎么那么讨厌啊!"今天讲这个，明天说那个，总觉得身边越来越多的人都不顺眼，看谁都有"毛病"，看谁都来气，但他们很少反思自己，其实，自己才是那个最让人看不顺眼的人。

小陈名校毕业，有学问有闯劲，是工作中的一把好手，但就是有一个缺点：个性太强。刚到单位第一天，就与同事发生了几次不愉快。他说："虽然我很尊重老同事，但他们的水平确实不行，混吃混喝也就算了，还倚老卖老，看着真闹心。"平时，他觉得这个人会拍马屁，那个人爱装糊涂，时间一久，同事都忌讳与他交往。领导也曾委婉地提醒过他，看事情要积极，不要破坏单位的工作氛围，但他根本听不进去，私下说领导是个饭桶，只会抢别人的功劳，只会做和事佬。

可以想见，小陈很难与同事处好关系，没有融洽的关系，怎么能做好工作？尤其是在职场，要谨慎批评他人，或是发表一些贬损同事、领导的言论。许多时候，即使你的看法没错，对方就是来混日子的，就是一个草包，但他之所以能在老板眼皮子底下混下去，必然有他的独门绝技。何况，你能看出来的问题，难道同事、老板就看不出来吗？为什么要急匆匆地表达你的牢骚与不满呢？你以为领导会因此给你加薪升职吗？

很明显，这是一种低情商的表现，原因有三：

其一，别人的不顺眼之处，自己身上多半也有。看别人不顺眼背后的心理动因，就是自我嫌弃，不喜欢自己内在的某些倾向。比如，不喜欢自己的自私自利，就会关注别人自私自利的举动；自己很势利，喜欢利用别人，往往就会特别敏感，讨厌被别人利用。人们通过否定别人身上这些"自己的缺点"，来重塑自我形象。

其二，别人的不顺眼之处，可能是自己欠缺的。看到新来的同事笑脸迎人，嘴上说着"只会拍马屁"，内心深处却是在责骂自己不会来事儿。自己在某些方面不如别人，就会心生嫉妒，下意识地避开人家身上的优点，把注意力集中在"缺点"上，也就越看越不顺眼。

其三，童年或有过被至亲的人嫌弃、打骂、过度贬低等经历。有过这种经历的人，内心自卑，容易在潜意识里形成一种莫名的怨恨，投射到身边大部分人身上，仿佛人人都是自己的敌人。从小被娇惯或成绩一向优秀的人，如果失去宠爱、恭维，巨大的心理落差会引发嫉恨心和失落感，逐渐看谁都不顺眼。

因此，当看别人不顺眼时，一定要先自省：是不是自己的修养不够，或是情商有问题。你有多不喜欢对方的某个方面，就有多讨厌自己内心的"缺陷"。只要你能认出它来，就已经踏上了成长之路。一般来说，要把看不顺的人看顺眼了，需加强三项个人修炼：

一是改变"衡量别人的尺子"。自己看"不顺眼的人"，其实也有很多好朋友。之所以看他不顺眼，是因为站在自己的角度，按自己的标准去看待、评价别人。衡量别人的尺子是我们自己设定的，不妨摆脱自我中心的位置，试着用大众标准去看待对方，往往能很快释然。

二是别用挑剔的眼光看人。"金无足赤，人无完人"，用欣赏的目光取代挑剔目光，或许更能看到别人身上值得称道的一面。

三是学会原谅和包容他人，即使对方先不敬，言辞间伤害了自己，也要尽量克制、忍让。人人都会出错，只有不去计较别人的对与错，才能得到别人的敬重与谅解。生活中，许多非原则性的事不妨糊涂点、马虎点、健忘点。

人生在世，不免有看不惯的人和事。庄子说："物固有所然，物固有所可。无物不然，无物弗成。"但是，事事看不惯，一定是情商太低：看上级不顺眼，是自己能力不够；看老板不顺眼，是自己梦想不够；看同事不顺眼，是自己胸襟不够；看朋友不顺眼，是自己眼力不够；看自己不顺眼，是自己修炼不够；看别人不顺眼，是自己修养不够。

从世俗的角度讲，经常"毒舌""看不惯"他人，不仅是胸怀窄、情商低的表现，而且会让旁观者唏嘘，坏了自己的名声，甚至会与人结怨，或是招致仇恨。

即便批评，也要让人如沐春风

所谓的高情商，就是会沟通。沟通最重要的，就是说话方式。人生的困扰，十之八九的问题都出在人际关系，而人际关系的困扰，十之八九都是因为沟通出了问题。很多时候，一句话换一种方式去说，事件就会拥有另外一个更好的结局。

生活中，拥有好人缘的人，情商一般都很高，不是因为他们有多聪明，而是因为他们会说话。他们从来不会与人发生争吵，即使是讨厌，他们也可以用最善意的话去表达。

用善意的话去述说一件自己不喜欢的事情，这不仅是一种高情商的表现，更是一种为人处世的方法。尤其是我们必须"批评"别人的时候，一定要把握住分寸，照顾对方的接受能力。有些情商低的人不注意这一点，只会尽情指责与发泄，只会批评批评再批评，却不曾考虑对方的接受能力，结果往往会让对方很难堪，甚至引发更大的冲突。

曾经，有段视频在朋友圈被疯狂转载：

一位乘客在高铁上吃泡面，结果引起了一位女士的反对与斥责。视频中的男乘客一直在忍耐，压抑着心中的怒火，而女子不顾形象，破口大骂："不让你吃泡面你还没完没了了是吧！？见过这么不要脸的人吗？不骂你骂谁？就你这种败类以后别上高铁了……"

可以说，句句都带有很强的攻击性。她骂人的理由是，自己家孩子对泡面过敏。就这么大一点事，就让她如此暴躁，且不说谁对谁错，只看她的处理方式，就知她是一个情商非常低的人——典型的骂街泼妇。如果这位女士可以换一种劝阻方式，提醒男子不要在高铁上吃泡面，事情或许会是另外一种结果，但这仅限于"如果"，因为她的情商决定了她不会采用我们"如果"的那种方式去解决问题。

遇到问题就喋喋不休，而且得理不饶人，不但会显得自己没素质、没修养，也会暴露自己的低情商。为什么？究其根源，是因为一个人不善于控制自己的情绪，喜欢用批评来发泄自己的不快，以这种方式去解决问题，只会激化矛盾。正所谓："好言一句三冬暖，恶语伤人六月寒。"

情商处处体现在人们的言语中。真正高情商的人，从来都不会让别人难堪，更不会恶语伤人。如果他们一定要批评别人，也会采用较理性的方法，尽量避免产生对抗。具体来说，他们批评别人时会采用如下一些方法：

姿态不会高高在上，声音也不会太高亢。

对事不对人，不会点评对方的人格。

先赞扬后批评，批评后又赞扬。

尽可能缩小批评范围，让对方去领悟。

只说眼下的事，不会去翻旧账。

如果可行的话，会做自检讨，并说"让咱们一起进步"。

……

总结上面的方法，会发现它们有两个特点：

1. 批评人需要换位思考

批评中的换位思考，要考虑对方的条件跟你的条件是不一样的，如学历的不同、见识的不同、背景的不同、职位的不同等，这样做事过程中产生的结果也是不同的；要考虑批评的环境，如你不希望在公众场合被批评，那么别人也同样不希望在公众场合被批评，因此，尽量不要在人多的时候批评。

2. 批评人需要把握好度

兔子急了也会咬人，过于严厉地去批评别人，就算当时不撕破脸，以后也不会有好的结果。被批评者的自信心、自尊心会受到打击，有可能带来怠工、离职、报复等后果，那么这样一次"批评"反倒成了恶性事件的导火索了。

　　表达批评的方式有千千万万，情商低的人永远都是选择最不中听的语言；情商高的人，说话都会顾及他人感受，即使是批评，也能让他人如沐春风。高情商不是虚伪，不是油嘴滑舌，而是为人处世时，保持善意，维持自己的修养。因此，在批评他人的时候一定要谨记，错误的批评方式等于在打自己的脸，等于在告诉别人"我的情商很低哦"。

批评的话不要说得太满

古人云："处世须留余地，责善切戒尽言。"为人处世，切不可说极端的话，做极端的事，而是应该充分认识到事物的各种可能性，以便有足够的条件和回旋余地采取机动的应对措施。任何时候都不要把话说绝了，所谓"话到嘴边留三分"，说话要留有余地，不把话说死，才能进退自如。

在人际关系中，出于各种原因，有时我们会驳别人的面子，这种事情如处理不当，便容易得罪人，结仇家。别人有愧于你，也应该"得饶人处且饶人"，但"饶人"时又不能生硬。通常，争辩中占有明显优势的一方，千万别把话说得过死、过硬，即使对方全错，也最好以双关影射之言暗示他，迫使对方认错道歉，从而体面地结束无益的争论。

有一个顾客在一家餐馆就餐时，发现汤里有一只苍蝇，不由大动肝火。他先质问服务员，对方全然不理；后来他亲自找到餐馆老板，提出抗议："这一碗汤究竟是给苍蝇的还是给我的，请解释。"老板只顾训斥服务员，却全然不理睬他的抗议。他只得暗示老板："对不起，请您告诉我，我该怎样对这只苍蝇的侵权行为进行起诉呢？"老板这才意识到自己的错处，忙换来一碗汤，谦恭地说："你是我们这里最尊贵的客人！"

在这个故事中，这个顾客的情商很高。虽然他理占上风，但是没有对老板纠缠不休，而是借用所谓苍蝇侵权的类比之言暗示对方："只要有所道歉，我就饶恕你。"这样自然就十分幽默风趣又十分得体地化解了双方的窘迫，同时也委婉地表达了不满。

一般说来，要想不把批评别人的话说绝，有以下几种方法可供

借鉴:

1. 提出柔中带刺的难题

在双方激烈的争论中,占理的一方如果认为说理已无法消除分歧时,不妨采取一种外强中干的警示性言语来中止争论,结束冲突。

一次生物学家巴斯德在实验室工作时,突然一个男子窜进来,指责他诱骗了自己的老婆,并要和他决斗。清白的巴斯德完全可以将对方赶出门去,但是那样并不能解决问题。于是他沉着地说:"我是无辜的⋯⋯如果你非要决斗,我就有权选择武器。"对方同意了。巴斯德指着面前的两只烧杯说:"你看这两只烧杯,一只盛有天花病毒,一只盛有净水。你先选择一瓶喝掉,我再喝余下的一瓶,这该可以了吧?"那男子害怕了,只好尴尬地退出了实验室。

无疑,是巴斯德提出的柔中带刺的难题,最终使决斗告吹。

2. 不说"势不两立"的话

任何时候,都不可口出恶言,或说一些"势不两立"的话,那样,只会把事情逼向绝路。

王兰和同事因为某些工作上的小事而起了争执,搞得很不愉快,王兰向她的同事说:"从今天起,我们断绝所有的关系,彼此毫无瓜葛⋯⋯"说完话还不到两个月,她的同事就晋升为她的上司,然而王兰因为当时话讲得过重,处境非常尴尬,最后只能另谋他职。

不管什么事情,即使自己再有傲人的资本,也不要口出恶言,把话说得太满,否则,等于自绝后路,更何况,事情永远没有你想象的那样简单,它们总会出现多种可能。

3. 不要盲目下定论

如果别人做错了事,一时没有找出问题所在,就不要盲目下结论,无端地把一些责任推给对方。比如,你是公司的领导,在开早会的时候,有一个员工迟到半小时,他给出的理由是:"路上堵得厉害。"你可能会说:"为什么别人就不会迟到,就你堵车吗?不要总是拿堵车说事,早起半小时什么问题都解决了。"其实,这样的批评很难让人服气,而且很情绪化。说不定,这位员工起得也很早,有许多事情要处理,再加上路上很堵,迟到也在所难免。因此,你不能下定论说"你起得不够早",或是"别人就不堵"。

如果自己拿不准,要尽可能说得含糊一些,如"如果是这样","我也不太了解"等。比如,一些领导在面对记者的提问时,都偏爱用诸如"可能、尽量、或许、研究、考虑、评估……"这些字眼,表明了发言者的成熟和慎重。

人与人之间的相处是微妙的,切不可像有些人那样说起话来直来直去,做起事来一根筋。做人要有弹性,说话、做事也要留有余地,这才是高情商的体现。尤其是在批评他人的时候,想使人更加信服,一定要记住"话不要说得太满"。这样既给别人留了余地,也给自己留了后路。

斥责下属，少掺杂个人感情

斥责是一件非常不容易的事。大声激烈地将自己的感情向对方发泄，只会惊吓对方，无法达成说服的目的。因此，如果斥责不能达成警告和对对方有所帮助的话，是没有任何意义的。

斥责的结果如果只让对方信心丧失，感到："我真没有用。""我又做错了。"或在心里有这样的反感"你以为你是谁啊！讲了一大堆，也不想想自己是什么样子！"对自己或对方都没有益处。有效的斥责，必须是心中有爱，让对方由衷地感受到自己的言行的确不恰当。没有包含着爱的斥责，只能称为怒骂。为避免此一情形的发生，就必须熟记以下的各种技巧：

1. 冷静地处理

盛怒时，多数人都是面红耳赤、颈暴青筋。过度的生气，往往会使人失去理性，不是会冲出一些严重伤害对方的话，就是不需要说的话也会说出来，这些都值得我们警惕。怒气冲冲时，不可因情绪激动而破口大骂，应冷静并选择有效的斥责技巧，才是正确的方法。

一位幼儿园的老师曾经说过："以声音来惊吓小孩，是非常不明智的举动。"当小孩受到惊吓后，为了防止再受伤害，会逐渐地把一些失败或不良行为转明为暗。好不容易才养成的健全身心，会产生变异。因此，当家长因某事而盛怒时，不妨先握紧拳头并放入口袋中，数一、二、三……，当怒气平歇下来之后，便能以理性来处理了。

被人批评："笨蛋！""教了就忘，你跟那些饲料鸡有什么不同？""教你做事，害我晚上都睡不着。"相信你也会想："既然如此，一开始就不要叫我做。""你是垃圾，你家人也一样。前几天打电话去，那是什么礼貌啊！""看一个人的生活起居，就可以知道他是什么样的人。因此，我知道当你失败的时候，一定会找借口推脱。"伤害他人自尊心的话，不加思考就讲出来，对谁都没有好处！应该冷静地分析什么应该说、什么不该说之后，再平心静气地向对方说明。

2. 明确地指出重点

大家都知道，没有一件事会比听人说教更难过，尤其是一开口便是这个也讲、那个也骂，到最后仍然使人弄不懂到底是做错了什么。因此，斥责对方时，必须针对错误的事项，提出自己的想法与意见，其余的一些小问题都可暂时不予理会，而就重点斥责。这也是能令对方印象深刻的最佳方法。冗长的说教，除了功效不佳之外，最后还有可能造成双方的不和。

3. 因人而异地斥责

斥责的方式，必须要先看对方是属于什么类型的人之后，再下决定。个性较温和的人遭人大声怒吼时，只会一味地退缩和保护自己，无法专心听人说教；而个性刚烈的人，则往往会因对方的斥责而亢奋，无法忍气吞声。结果，通常都会采取强硬的反驳手段，或因而更奋发图强。

"笨蛋！你到底在想些什么？不要以为是新人就可以不负责任，拿回去重写！"

遭到上司斥责的 A 先生，心想："有什么了不起！"于是下定决心奋发图强："有一天等我超越你之后，再看你怎么斥责我。"所谓强将手下的人各个精明能干，就是这个道理。一再遭到他人的斥责，却不愿认输投降的，往往都是斗志高昂的人。而斗志不充足或是遇上麻烦就习惯性地退缩者，通常在此阶段就遭到淘汰的命运。

也有些人是属于工作效率高，但个性柔弱的，那么此时就该采取温和式的斥责。例如，将手轻搭在对方的肩上："喂！最近表现欠佳，好好加油！"以不惊吓到对方的程度给予警告性的斥责。

就如以上所说，斥责要谨慎又谨慎，先考虑对方是属于何种类型的人后，再决定应该采取的方式。

4. 场所的考虑

是在众人面前还是采取一对一的方式给予斥责？个性温和、柔弱的人，如果在众人面前受到斥责的话，通常都会觉得非常丢脸而把工作辞去。

曾经听过一位主管级的朋友说，某日公司的一位主管在众人面前大声地斥责了一位个性温和的新进职员："既然是男人，就应该挺起胸膛，不要畏首畏尾的像个女人，难道不觉得丢我们男人的脸吗?"在众人面前遭到斥责的 A 职员，低着头往办公室外走去，主管想他或许是去洗手间，但是过了许久却仍不见踪影。四处找了又找后，终于发现他在屋顶，手靠着围墙正往下看。主管见状，不禁心中起了一阵凉意："最近一些神经衰弱、身心不健全的人，经常做出出人意料的事，或许自己想得太多，不过从今以后，一定要先分析对方的类型之后，再选择斥责的方式。"

批评过后，别忘了"安抚"

谁都不愿意被人批评，但是被批评一定是有原因的，而其原因，往往是自己不当的行为所造成的结果，所以要将这个结果当作是自己的错误，接受他人的指责。

对于批评，无论是被批评或是批评别人的一方，都不会因此而得到快感。必须认清的一点是，批评对方的人，一定对于对方有着一份内疚。没有爱就没有忠告，没有爱也就没有批评。

如果不是爱的话，无论你怎么做，对方都无所谓，也不会批评你。彼此之间不会因为不满而起冲突，彼此之间的要求与考虑也就很淡薄，如此一来，谁都不可能因此而受益。因为对方希望你能够早日成熟和独当一面，所以你一旦有不当的行为发生，必定会比他人更严厉地批评你。而其最终目的，无非是希望你能回答："是的，知道了，今后会更加小心。"

被批评的人应该注意，不可因他人的指责而意气用事。以下的例子，就是最好的借鉴：

有一次，B科长看见A小姐率性地挂了客户的电话，于是向A小姐问明事情的原因。

"虽然他是客户，也不能命令我去做这个、做那个。还说如果不高兴的话，准备将契约解除。我气不过，所以跟他说虽然我不该向客户说出这么任性的话，但是如果想解约的话就解约，我们不会在乎的。"

"对方是我们公司的客户，你随便将契约解除，是很不妥当的一件事。"

"他的态度我没有办法接受，难道我做错了吗？"

"我想说的不是这个。"

"那么是什么？"

像 A 小姐这般激昂的情绪，不论是谁说的话都是听不进去的。况且她不断地使用各种借口来保护自己，只会让对方放弃继续谈话的意愿。

不能诚心接受对方建议的人，往往会被批评为"顽固"或"不通情理"。

至于 A 小姐的情况，其实也可以等她心情稍为平静之后，再找机会给予警告，或许效果更佳。

批评，不是要让对方灰心、失望，相对地应该是要使对方再燃起："以后更要再加油！"的决心。

以下是批评过后的安抚方法：

1. 给对方台阶下

当对方说："笨蛋！明天起你不用来了！"虽然非常清楚自己犯了什么样的错误，想要改进，但对方却说出这样的话。第二天早晨上班前，难免心存芥蒂："不是叫我不用去了吗？"但是，对方也没明白地说出要我辞职，真伤脑筋。到底该不该去？如果是说："笨蛋！还是早点把行李打点一下回家种田吧！这里不需要像你这样没有干劲的人。如果你不这么认为的话，明天早上 6 点就来公司等我。"相信对方会马上提起精神回答："知道了！"第二天早晨 6 点到了公司后，也一定比往常更加地努力。

经常会听到有人批评说："事情到了这种地步，你说该怎么办？"对方或许会想，要是知道该怎么办的话，也不会到了这种地步。于是赌气地回答："为了负责，我辞职好了。"只知一味地批评对方的人，是没有资格去批评他人的。真正可以使对方发奋图强的批评，是当对方诚心诚意地道歉时，问他："到底是怎么一回事？""对不起，因为我的疏忽，所以……""如果你真的觉得不对的话，那么先到客户那里道个歉，取得对方的谅解之后，明天再开始加倍地努力工作！"如此，不但不会伤害对方的自尊心，还可有效地提升其斗志，使之更加努力。

2. 批评后不忘夸奖

因批评而使对方感到心灰意冷时，必须找出其优点给予夸奖，以安抚他低落的情绪。

"如果你已经了解我说的话，明天起就小心一点行事。另外，前一阵子部长夸奖你签下的那份契约，说你是个有用的人才，因此，以后不要再做那些无聊的事。"

"真抱歉。"

"加油！全看你的了。"

这样的说法，可以有效地使对方铭记于心，时时注意及反省自己做过的事。

如果对方说："既然还会那么认真地听，表示还有救！我了解你的斗志比任何人都强，而那也正是你最好的财产，好好地珍惜！"听者不得不继续加油吧？

3. 批评前先找出对方的优点

被批评时心灰意冷，被夸奖时则兴高采烈。有效地利用人类这种单纯的心理，可达到最有效果的批评。首先，设法将对方拉进正在讨论的话题中，并设法改变其对事情的看法。

"喂，A先生，大家都说你的工作既快速又精准，但是怎么连这么简单的工作都会犯错？是不是情绪低迷？最近老是觉得哪儿不对劲，不像人家叫你电脑神童，加油！"

或许经过这一番话之后，对方会恍然大悟，进而奋发图强。

另外一个非常不错的实例，内容是关于一位报社组长对新进摄影师的批评。

"我不相信我要的东西拍不出来，我看人从来不曾走眼。如果还想干的话，拿回去重拍。"

当自己发现在别人心目中，是多么地受到期待的话，无论受到怎样的批评，都不会丧失斗志。因此，唯有知道如何善用促使对方再燃起斗志、继续奋斗的批评方式，才是我们所敬佩和期望的好上司。

4. 以眼神批评

如果真的为了对方着想的话，其实只要用眼神批评便已足够了。曾经有人说过，眼部所能表达的内容是仅次于口部而已，事实也确是如此。因此，在批评对方时，只需专注看着对方的双眼即可。

一位有名的禅师说过："批评的时候并不需要言语，先以提醒的方式告知对方做了哪些事之后，专注地注视，此时对方通常都会低头回避，然后再说，如果你觉得抱歉的话，就看着我的眼睛。不久之后，对方就会自然而然地低头认错。"

眼神可以充分表现出个人的人生经验及诚意，但是其他，如心中的打算及自满方面，则无法从眼神中了解。

5. 诚心的批评

与眼神有相同的功用，从心中说出的话，也具有举足轻重的分量，并也与说服力相同。心中没有诚意，说出来的话不但不具说服力，反而会让人感到龌龊，被批评的当事人最能体会。往往接收到那些虚伪的批评后，都想回一句："废话！"

只做表面功夫的话，不可能轻易地达到目的。如果不对自己说过的话负责，对方也不可能会反省或改变。

指挥别人，嘴不能瞎说

指挥他人是一件很困难的事。如果领导被认为总是言行不一，即使再怎么指挥也无法达到预期的目的。其他方面，不听人家意见而一意孤行者，也是无法指挥他人的，反而有时会造成对方的反感。

指挥的重点如下：

1. 明确表达自己的想法

除了要将自己的想法让对方清楚地了解之外，还有另外一个目的是在于激发对方的积极性。

无论是谁，都不喜欢受人指使。需要依赖他人或指使他人做事时，并不须将事情的原委作详细的说明，只须清楚地将重点及需求的最低限度向对方交代，并鼓励对方发表想法与意见。当部属或同仁提出"我认为应该这么做"或"我觉得应该采取这种方式解决"时，虽然自己事先早已知道，也要装作好像初次听到这种想法或意见的心态赞扬对方："啊！有这么好的意见，真是一大发现！"

这样的话，能够让对方产生"我提的方案被肯定了"或"嗯，我一定要使计划成功"的想法而全力以赴，因为对方始终认为这是他自己想出来的点子，所以在执行时，只须稍微给予暗示和建议，便能完全依照我们当初推测的方向进行。

2. 给他荣誉感

主要在于满足对方的满足感及荣誉心，因为人有时会怀着"我被捉弄了"或"买到贵而不实的东西"等被骗的感觉。

当对方完成某件事的时候，如果几句："动作这么快！""做好了？真不可思议！""感谢你的帮忙。""太麻烦你了。"等感谢和激励对方的话，便可有效地让对方以为自己有很重要的价值，进而斗志高昂，做起事情精神饱满、活力充沛。这些都是荣誉感的作用所产生的功效。

3. 时间、场所、人际关系的考量

谈话的时机及人际关系，对双方谈话的气氛有极大的影响力。

谈话时，必须注意时间与场所。相信大家都知道，在人家工作繁忙或在公共场所，应该避免谈论个人隐私或其他毫不相关的话题。

求人帮忙时，如果不考虑人家方不方便就提出要求的话，势必造成对方的左右为难，尤其是提出要求时，说明又不够充分，表现的方式也有欠周详，都有产生相反效果的可能。

例1：上司向部属要求。

"喂，A先生，这是急件，赶快做好。"

B部长向A先生要求时，A先生正忙着做其他资料的整理与编排。

"部长，非常抱歉，我手边的资料必须在下午4点以前交出，所以……"

"杂事先摆在一边，有空再做，你先把这个完成。"

"但是……"

"不要那么不干脆，少啰唆！快去做好。"

A先生无可奈何地接下了部长的要求，回到办公桌。

一丝不苟整理的资料，却被部长说成"杂事"。可想而知，A先生必定无法以稳定的情绪，将B部长所托付的事做好。而部长的强人所难，也只会让A先生的工作效率大幅的降低。如果B部长说："A先生，现在忙不忙？"当遭到拒绝时，再进一步地说：

"抱歉，因为人力不足，公司里又只有你对这方面特别的熟悉。

如果你能帮忙，一定很快就可以完成的。至于手边的工作，我来替你想办法，好吗?"有了某种程度的赞扬之后，我想他肯定会这么说:"是吗? 好吧，我试试看。"绝不会有其他拒绝的意思。

例2:因为有很多繁杂的工作，想要其他同事帮忙。碰巧 C 先生工作刚好做完，部长说:"C 先生你有空吗? 唉! 虽然对你来说有点困难，不过你拿去做。要多用点心，不能办砸了，知道吗?"当着同仁的面被部长数落的 C 先生，面红耳赤地想说:"这种事不必在同仁面前说吧? 你如果认为我做不来就不必叫我做，你自己做不行吗?"如此一来，非但工作效率无法提升，还可能出现严重的错误。如果改口说:"C 先生，这件事虽然有点麻烦，但是没有关系。小心一点，不会出什么错的，我相信你。"想必 C 先生会觉得被重视，因此做出了意想不到的效果也说不定。

"好了吗? 出人意料! 先放着，我有空再看"等"浇冷水"的说法，可能将 C 先生的满腔激情全部浇灭。

如果说:"啊! 这么快就做好了吗? 真了不起。还好没有找错人，希望你继续维持，继续加油!"经过 B 部长的鼓励，C 先生定能燃起旺盛的斗志，分内的工作也能出色地完成。

当自己的行为受到他人肯定或比自己预期的更受到肯定时，所鼓起的信心及斗志，更有助于工作或人际关系上的突破。就因最后一句赞赏的话，C 先生对于工作抱持的态度，竟然有了 180 度的转变。

例3:同事。

A 先生有非常重要的事情，必须亲自到客户的公司去一趟。手上的工作，想委托 B 先生代办。

A 先生:"喂! 看你很悠闲的样子，帮我把这些弄好，我去拜访客户。"

也许 A 先生的工作效率的确比 B 先生高，但听了 A 先生这般的请求，B 先生不由得想说："什么！我又不是你的助理或打杂的。用这种口气要我帮忙，没门！"

B 先生会说："抱歉，我有很重要的事要办，你找别人吧！"原因不用多做解释，大家都很清楚。

如果 A 先生说："抱歉，我非得要去×××客户那边一趟，而手边的工作你最内行。我知道你很忙，但是可以抽空帮一下吗？"相信 B 先生会说："反正只抽个空而已。再说你也的确分不开身，做做又何妨。"

例 4：女性职员。

每家公司都会经常发现上司指使女职员去端茶或拿报纸。她们大都会心里一边想着："当初又不是来应征做这些杂事的，岂有此理。"一边板着脸，不情愿地中断工作，去端茶或拿报纸。

但是，如果用"A 小姐，麻烦你泡杯茶可以吗？"想必 A 小姐会很乐意帮忙。如果说："女性本来就应该做这些事，不用别人多说，以后主动一点！"很容易引起反感。"我们的工作并不比男性职员轻松，为什么我们女性就必须做这种杂事？"因此，无论对方是什么性别，是不是属于分内的工作，都应采取温和的语气拜托。

4. 听清楚指示

对上司或同事的指示，必须仔细地听清楚每一个细节及内容。充分了解整个内容之后，向对方确认："你所说的×××，我是这么认为……，不知道有没有错？"对方觉得没错时，才接下指示去执行。如果一直点头说"是"，之后全靠自己的直觉或想法去做的话，多少会出现与指示者所想的有所出入。

最好的方法是，听到别人的指示后，经过整理再提出："你说的也是好办法，但我是如此认为……，你觉得如何？"设法再找出对方真正的想法及最终目标，这样，才能更清楚别人所给予的指示。而"是、是"的回答方式，除了自己无法充分的了解之外，对方会怀疑："他听懂我说什么吗？"因此，当别人提出指示时，必须再以自己的了解程度向对方进行确认，才可清楚地知道彼此之间是否存有误会或沟通上的障碍。

处理分歧，要避免情绪对抗

我们无时无刻都需要与"人"共事、合作，在这个过程中，不可避免地会产生观点、思想的碰撞，甚至会被误解，或遭到批评。不管是你的错误，还是别人的问题，当你感到很不爽，想发泄自己的不满时，想没想过话要怎么说，对方才更容易接受？

不可否认，有些人智商很高，能通过察言观色，以及合理的推理，察觉出问题所在，但是情商低者，在表达的时候，非但不能消除误解与分歧，而且会带来新的麻烦，甚至是情绪对抗。

小张在一家公司做市场运营。一次，他想出了一个很好的点子，和上司沟通时，却被一口否定。当时，在场的其他同事都跟着上司一起摇头说"行不通"。看着上司坚定的眼神和决绝的态度，小张本打算用调查得来的数据资料证明自己的观点，转念一样，这样即使证明自己是对的，那岂不也是打上司的脸，让他感到难堪吗？于是，他点头说："你说的有道理。"

几个月后，他看到了一位同事用了他提出的方案，而且很成功。他很后悔自己当时没有勇气说服领导。

后来，在会上他又向领导提了一个方案，还是被搁置了。这次，他再也不想沉默下去，而是选择为自己辩驳。由于一时控制不住自己的情绪，他说了许多抱怨的话。其他同事听后都不敢应声，后来，有些话传进了领导的耳朵，领导私下对人说："小张头脑灵活，很有想法，如果不改变自己臭脾气的话，难有作为啊。"

因此，小张与领导的关系也变得很微妙。

尤其在职场，当我们有话想说的时候，经常在"不说出来把我自己憋死"和"说出来会把你气死"的死结里纠结、徘徊，自己也不知道到底该说还是不该说，怎么说。很多时候，最后选择做了"国王的新衣"里的臣子：明明有自己的想法或知道真相，却不愿说出来惹对方不高兴，于是选择了曲意逢迎。

因为我们的预期是，选择实话实说，没有任何胜算。那除了曲意逢迎或实话实说，有没有一种两全其美的方法，既让对方接受，又能充分表达自己的意思呢？

在意见不合，或是情绪比较激动的时候，高情商的人一定会先让自己冷静下来。他们不会带着情绪去和别人谈问题，去"推销"自己的观点，或是干脆对别人说"你错了"。否则，你再怎么努力，之前的功课也是白做，而且容易激化矛盾，以后再想让对方接受你的观点更难。

不只是在职场、商界，即使在日常生活中的夫妻、情侣、朋友间，在处理分歧的时候也要学会高情商的表达。比如，和朋友因一事意见不合，结果产生言语吵架，到后面已经忘了最初是在吵什么，只记得生气，从此感情雪崩。

在向他人表达不同的意见时，要避免情绪对抗，把握好以下几点：

首先，要分享你的想法。

把你内心剧场的演变过程和想法讲出来，也就是把自己的那套逻辑拿出来，让对方探个底，这样，对方就会解开心结，避免产生一些多余的想法。

其次，询问对方的观点。

真心地询问对方的想法，重复和重述自己的理解，确保信息理解正确，并适当地抛出不同的假设来引导对方分享自己的信息；根据对方的需求，问出对方背后的真正目的。例如，对方不同意你的要求，你可以询问他的真实想法，以及他的顾虑有哪些。

再次，要表示理解。

　　如果对方分享了自己的想法，要表示理解，在此基础上再进一步讲出你的不同观点。也就是，首先在对方的观点上表示认可和理解，其次抛出自己知道的而别人也许不知道的信息，来补充说明自己判断的根据和观点。

　　最后，要求同存异。

　　当双方都表达过自己的观点后，要从中寻找彼此的共同点——或者找到共同目标，或共同创建一个新的目标，让双方都满意，然后再寻找解决方式。在此基础上，双方一起决定下一步：如何找到相关信息、谁是决定人、谁会被影响，并一起记录下结论。

　　低情商者之所以不能很好地与人共事，很重要的一个原因就是，经常会带着情绪处理与别人的分歧。比如，会因为别人的拒绝、反对而失态，即使遇到小问题，情绪起伏也会较大，在不确定的事实面前，习惯猜测；导致他们说出的话总是很情绪化。

　　高情商的人，不但善于化解由于观点不同可能带来的尴尬，而且能够了解对方的心理，说出的话、做出的事让对方很舒服，所以，即使他与别人之间存在很大的分歧，也不会让它影响到双方的情感。

错了，就勇于接受批评

美国总统林肯说过"世人都喜欢赞扬"，但我们在学习、生活、工作中，因种种原因谁都难免一辈子不受批评。这样，我们就会面临一个问题——怎样对待批评？

古人云：良药苦口利于病，忠言逆耳利于行，意思是说，特苦的药往往是最好的药，它虽然味苦，但有利于治病，别人的忠言也许有些逆耳，却有利于修正自己的不良行为，别人的批评就是苦味的良药，逆耳的忠言，我们千万不可小觑。如何对待别人的批评不仅可以体现出一个人的襟怀，还可以检验一个人的处世原则和综合素养。

抗日战争期间，昆明接纳了西南联合大学，闻一多、沈从文等四方宾客云集昆明，昆明出现了历史上少见的文化盛宴，昆明的文化对中国科学与文化发展产生了巨大的影响。在来昆明的众多宾客中，有一位宾客不被云南人所欢迎，他就是被施蛰存称之为"被云南人驱逐出境"的李长之。他是山东利津人，曾就读于北京大学预科，后就读于清华大学，1936 年留清华大学任教，1937 年秋到昆明经人介绍到云南大学任教。李长之是个才子，一天可写一万五千字左右的长文，外加两篇随笔，其专著有获学术界高度评价的《中国文学史略稿》《批判精神》等。年少气盛的李长之在来昆明不到半年的时间就"被云南人驱逐出境"，是因其写了一篇短文《昆明杂记》。《昆明杂记》在学术界一登台亮相，可谓一石激起千层浪，掀起了轩然大波，昆明人在《昆明杂记》中根本找不到恭维、夸耀昆明人如何热情好客和云南民族文化如何丰富多彩的字眼，也找不到赞美昆明的气候如何好的文字，《昆明杂记》对昆明提出了指责和严厉的批评。《昆明杂记》惹得云南人大为光火，"且事为龙主席所闻""据云绥公署欲请去谈话"。当时昆明大小报纸对李长之群起而攻之，"李乃大恐，或云坐飞机离滇，或云坐长途汽车他往"，三十六计走为上，实事求是提出批评意见的才子李长之不得不逃之夭夭。

时隔数年，余斌先生在《西南联大在蒙自》中对李长之事件的看法是："李长之尽管恃才傲物，话说得偏激一些，虽有了以偏概全之嫌，倒也非凭空捏造，昆明人那时不知为什么竟有点儿反应过度。"曾在李长之事件期间担任云南大学校长的楚光南先生后来也针对"李长之事件"在《云南文化的新阶段与对人的尊重和学术的宽容》中写道："来到云南的学者名流，对于云南的批评，总是冠冕堂皇的一套恭维，如云南天时气候如何，人民性质如何，社会秩序如何之类，照他们说来，云南真好得像天堂一样了，但情况并非完全如此。云南固有得天独厚之处，也有许多不足。真有自尊与自信者，就不应讳疾忌医，害怕批评，哪怕批评很严厉，有些过火"。针对当时云南人喜欢恭维和赞美，不喜欢批评的现状，楚光南先生还在其论著中写道："那只是反映了云南社会落后、幼稚、无知，才有着这种需要，需要表面的恭维，无论真也好，假意也好，至少反映了云南还不能容纳真实的批评，至诚的谏净，无论是在极细微的地方。也就是云南还没有对人尊重和对学术宽容的雅量"。著有《西南联大·昆明记忆》的余斌先生，对当时云南人爱听恭维，也很有感触地说："你爱夸耀云南是什么什么王国，人家就送你一项又一项'王国'的金冠，你说云南民族文化丰富多彩，人家就说确实丰富多彩。但你能听懂人家的话背后的意思吗？这王国那王国，不就是些资源吗？所谓丰富多彩，不就是色彩斑斓下面的落后吗？"余斌先生虽然已经透过恭维这一表面现象看到了恭维后面所暗藏的是侮辱和欺骗，但令人遗憾的是，李长之已"被云南人驱逐出境"了。

其实，批评和表扬一样，是使人健康成长、获得成功不可缺少的因素。表扬能给人以鼓舞，也能使人飘飘然；批评使人一时受挫，但更能使人体会到跌跤的滋味，在清醒和自省中成熟。陈毅同志说："难得是诤友，当面敢批评。"可以这么说，批评本身就是一种爱，而且是一种高层次的爱，"小批评小进步，大批评大进步，不批评就退步"讲的就是这个道理。能得到他人的批评不是一件坏事，说明他人对你寄予厚望，他人的"逆耳忠言"，无非是希望你尽快成熟起来。从批评者的角度讲，真正要做到"拉下脸"去批评一个人、批评一件事，并不是件很容易的事，甚至要经过激烈的思想斗争和深思熟虑，同时也说明他是一个心怀坦荡的人，是一个富有责任感的人，是你人生中的良师和益友。因此，我们必须真诚欢迎，不能虚以应付。

俄国文学家托尔斯泰说过："只有什么事也不干的人，才不至于犯错误。"因此，对每个人来说，都有一个如何坚持真理、修正错误的问题。批评就好比医生给病人治病，是针对人们思、言、行上存在的"病灶"进行的，目的是要把病治好。有缺点毛病的人受到批评后，就会在思想上引起震动，促使其认识错误、吸取教训、改掉毛病，进而变成一个健康的、有益于社会的人。

因此，我们如果有了过错，受到批评甚至处分后，不要一蹶不振，要用自己的善意对待别人的批评，要勇于承认错误、改正错误，并从错误中接受教训，振作精神，以最好的状态重新投入到生活、工作中。

第七章
求人办事，先在话上打开一条通路

办同样的事，为什么有的人能一帆风顺，而有些人却屡次碰壁，弄得满鼻子灰？关键在于"怎么说"。大家都知道，语言是人们沟通的桥梁，想要别人帮助你，就必须有过硬的嘴上功夫。在求人办事的过程中，要用最巧妙的语言，把话说到对方的心里，为自己顺利办事凿开一条通道。

要想办成事，首先得会张嘴

俗语说：一个好汉三个帮，一个篱笆三个桩。不论你是什么人，能人还是庸人、聪明人还是愚笨人、职位高还是职位低，现实生活中，有些事情仅仅依靠我们自己的力量去完成，是可望而不可即的，这个时候就需要别人的帮助。

求别人帮助，你就得具备一套过硬的嘴上功夫。"打鼓打在点子上"，这是我们经常听到的一句口头禅。不仅打鼓如此，说话亦如此。只要你能说人家爱听的、喜欢听的话，别人自然愿意为你"效劳"。

不难发现，办同样的事，不同的人，用不同的方法和语言表达出来，有的人能得到认可，有的人却只能被否定？有的人能一帆风顺，而有的人却屡次碰壁，弄得满鼻子灰？因此，办成事的关键之一就在于"会说话""说好话"。会说话的人，能通过其良好的谈吐，增进人与人之间的友谊，缩短彼此间的距离。在办事的时候，会说话的人懂得用语言感动人、说服人，让对方接受自己的请求。只有语言动听得体，才能够打动别人。不要小看几句话的作用，有时候就是单凭几句话，就可以改变结果，使事情偏向对你有利的方面。

一天，一位老师傅开车带徒弟去乡下的河边拉沙子。乡下的路很难走，到处都是小石块。在回来的路上，"嘭"的一声，车胎爆了。他们虽然带了备用轮胎，却忘了带千斤顶，没办法，师傅只好让徒弟向路边的人家借。

临走之前，师傅在徒弟耳边说了几句话，徒弟看了看师傅，半信半疑地朝路边的房子走去。果然，一会儿工夫，徒弟抱着千斤顶回来了，他高兴地对师傅说："师傅，一切都跟您说的一样，您太神了！"

　　原来，徒弟走到房子前去敲门，开门的是个中年男子，从他不耐烦的模样可以看出他并不是一个好说话的人，但徒弟还是按照师傅的吩咐，笑着说道："又有事要麻烦你帮忙。"中年人看了看这个陌生的年轻人，说："我想我并不认识你，你怎么说又需要我的帮助呢？"徒弟说："您家就在马路边上，尽管你没帮过我的忙，但也一定帮过不少人的忙，所以，对你来说，是又有事需要您帮忙了。"中年人听了徒弟的话，哈哈一笑，说："说吧，你有什么需要我帮忙的？"徒弟说："我们的车胎爆了，忘了带千斤顶。我想，肯定曾经有人也像我一样跟您借过千斤顶换轮胎，所以我也想跟您借一下千斤顶。"不过中年人并没有车，他也没有千斤顶，可他听了徒弟的话，觉得不帮忙似乎有点说不过去，于是放下手中的活，说："虽然我没有，但是我知道哪儿有，走吧，我带你去借。"于是中年人骑上摩托车带他到一个朋友家借了个千斤顶。徒弟谢过中年人之后，便高高兴兴地带着千斤顶走了回来。于是，也就出现了开头的那一幕。

　　事后，小徒弟问师傅说："师傅，为什么那个人本来没打算帮忙，但是因为我说了您教我的那几句话，他就那么尽心尽力地帮助我们呢？"师傅笑了笑，说道："这就是说话的艺术。如果你第一句话就问他'您有没有千斤顶，借我一下可以吗'，那肯定会被他拒绝的，但是如果你先称赞他助人为乐的精神，他自然也就不好意思将你拒之门外了。"

　　若想成就一番事业，求人办事是在所难免的，有时候，会说话在求人办事的过程中，起着不可小觑的作用。大家都知道，语言是人们沟通的桥梁。想要别人帮助你，就必须有过硬的嘴上功夫。在求人办事的过程中，要用最巧妙的语言，把话说到对方的心里，为自己顺利办事凿开一条通道。

求人办事，要掌握好说话的时机

在现实生活中，我们常常会听到这一类的抱怨，"现在这个世界，办个事儿真难啊！唉！"有些人在办事的过程中，既没有门路也没有关系——其实这也没什么，因为大多数人都是这样。关键在于有些人天生不善言谈，更不懂得看准时机。

求人办事本来也不是件容易的事，往往也要达到"天时、地利、人和"的境界才能成功。谈话是一门艺术，有人谈起话来滔滔不绝，容不得其他人插嘴；有人为显示自己的伶牙俐齿，总是喜欢用夸张的语气来谈话，甚至不惜危言耸听；有人以自己为中心，完全不顾他人的喜怒哀乐，一天到晚谈的只有自己。上述这些人说话的内容可能很精彩，但却没有掌握好时机，是无法达到说话的目的的。因为听者的内心，往往随着时间变化而变化，所以，要想使别人愿意听你的话，或者接受你的观点，都应当选择适当的时机，时机对于说话时很关键的。

在某宾馆工作的服务员王璐第一天上班，被分配在酒店 B 楼 4 层坐台班。由于刚经过 3 个月的岗前培训，因此她自己对工作充满信心，自我感觉良好，一上午的接待工作也还算顺手。

中午的时候，电梯门打开，走出两位来自台湾的客人。王璐立刻迎上前去，微笑着说："你好先生。"看过客人的住宿证后，王璐边接过他们的行李，边说："欢迎入住本饭店，请跟我来。"王璐领他们走进房间后，随手为他们倒了两杯茶，说："先生请用茶。"

接着她便开始向客人介绍客房设备，这时一位客人说："知道了。"但是王璐没有什么反应，仍然继续介绍着。还没说完，另一位客人在自己的钱包里拿出一张百元人民币，不耐烦地递给王璐。

"不好意思，我们不收小费的。"王璐嘴上说着，心里却想，自己是一片好意，怎么会被误解了。这使王璐觉得十分委屈，她说了一声："对不起，如果您有事就叫我，我先告退。"

从这个例子中，我们可以看出，没有把握好说话的时机，即使说得再动听，也完全不能打动人，反而产生反作用。

我们常常看到这样的场景：一个推销人员，走进一家公司，但是大家都在埋头忙于自己的工作，可是推销人员没有办法，只能硬着头皮去打扰。结果如何呢？可想而知被拒绝了。说话时机不对只能自讨没趣，一个人要想把话说得恰到好处，把握住说话的时机非常重要。不该你说时你说叫急躁，该说时却不说叫隐瞒，不看对方脸色变化便贸然开口，叫作闭着眼睛瞎说。在我们求人办事的时候，这些没有把握住说话的时机的行为，一定会成为失败的原因。

俗话说得好：出门观天色，进门看脸色。别在别人心情不好的时候麻烦人家帮你做事情。一定要注意对方所处状态，也要注意对方的情绪和心理需要，这就是时机，只有在合适的时候让别人帮你，别人才会帮你，你说话的时机不对，别人又怎么帮你呢？如果别人家中正有不幸的事发生，你让人家帮你办事时说一些开玩笑的话，别人会感觉你在嘲笑他，是不可能帮你办事的。

因此，求人办事，一定要看准时机再开口。把握好说话的时机，说出的话自然贴切，能够引起人们的重视。不要以为只有在对方愉悦时的言语才有分量，抓住对方隐忍难发之机，坦诚直言，则别具一番人微言重的味道。在适当的时间里，利用有限的几个语句、充分地表达自己完整意愿的能力，是把握说话时机不可或缺的一个要素。

你让别人帮忙办事时，在谈话当中你可以长时间保持沉默、仔细聆听，但最终你还是得开口说话。你必须创造机会发表自己的见解，让对方了解你的想法，这才是最有说服力的做法。在交谈中，说话的时机把握不好，再好的言语也很难打动人心。

　　总之，求人办事一定要开动脑筋、注意观察，迅速找到双方的共同点，以此作为一种契机，并找到最佳的开口机会，与求助对象进行和谐投机的谈话。将最合适的言辞在最合适的时机下说出来，还有什么是不能成功的！

投其所好，营造好的求人氛围

无论是与人交谈还是求人办事，投其所好是打动别人很好的方式。如果你能投其所好，说的话就能深入人心；如果反其所好，只会招来对方的厌恶，为自己带来一些不必要的麻烦。

看过美国总统罗斯福传记的人都会惊讶于他何以全知全能。无论是牧童、农民、劳工，还是政治人物、商业巨子，都能和罗斯福谈得很投机，这其中到底存在什么秘诀呢？

其实也是很简单的，罗斯福是个历史上相当成功的政治人物，他深知获取人心的捷径，就是谈论他以为最值得谈的事。罗斯福无论接见任何人，无论地位高低，在前一晚肯定要预先阅读使对方有兴趣的谈话资料，所以，所有见过他的人，每一个人都会对他有很好的评价。

当然，不仅仅是政治人物需要这样，就算是个推销员，也该知道要怎样投顾客所好。例如，有位汽车推销员，为了手上的进口高级车，专程拜访一位企业家。可是，刚开始见面，他们并没有谈有关车的事，反而先拿出儿子的集邮册。原来他从企业家的秘书那里了解到，企业家很喜欢他的儿子，他的儿子迷上了集邮，于是企业家总是不辞辛劳，乐此不疲地替儿子搜集邮票。他就用这件事当话题，两人很快就有了共同语言，并且谈得很投机，最后在快要告辞时稍微提一下车子的事，当然很顺利地就把它卖出去了。

因此，与人交谈时，要尽量投其所好，否则就很难展开话题。有时因工作或生活的需要，我们必须与人对话或有求于人。用你的嘴说动别人的腿，要创造一种气氛，让对方无法回绝；勿贸然行事，让对方感到突然。求人办事，要想让人家痛痛快快地答应，营造一种让人痛痛快快的气氛十分重要。而投其所好，就是营造良好气氛最好的方式。

老王为自己女儿安排工作时，因一点小问题总也决定不下来，他知道有一个同事和可办成此事的掌权者是老同学，如让他出马事情便能顺利一些，但是，老王和这个同事关系很一般，要说这件事，他怕人家回绝；要不找人家，女儿的工作问题还会再耽搁下去。于是他便有意识和这个同事接近。这个同事和他有一个共同的爱好——下棋，他先不跟人家谈女儿工作的事，而是先在一起共同探讨棋艺。在一次下棋两人都十分开心的氛围中，老王才向这个同事提起女儿工作受阻的事，同事一口答应他跟老同学说一下，后来事情很快就办妥了。

有时候，为了达到自己的目的，要婉转地摸清对方的兴趣爱好，主动挑起话题，一步步诱其深入，看时机成熟，然后话锋一转，把你真正的目的亮出来。此时，对方跟你的距离早已在两人的交谈中越来越近，帮忙也就是情理之中的事了。

婴儿用品推销员大卫，很想在一家大型商场里举办一次婴儿用品促销活动。

他已经提出拜访商场主管8次了，眼看着距离自己预期的活动时间已越来越近，但商场主管还是没有理会自己，并且拒绝见他。

万不得已之下，大卫只能寻求其他的接近商场主管的办法。经过多方打听，大卫得知这位主管是个超级篮球迷，并且还是凯尔特人队的忠实球迷。于是，大卫通过商场主管的秘书，递了一张纸条给主管："下周的比赛，肯定是马刺队大胜凯尔特人队。"

没曾想，5分钟不到，商场主管就让秘书请他进其办公室。

大卫一进门，商场主管就对他嚷道："马刺队怎么可能会赢！我认为一定是凯尔特人队大胜马刺队。"

大卫听主管讲完后，才说出自己的见解，并且认为凯尔特人队下周肯定赢不了马刺队。

主管听得非常认真，兴致勃勃。这个时候，他们根本就没有谈促销的事情。在谈了两个多小时之后，大卫才起身告辞，并且拿出了一张门票递给主管说："票就在这里，抽个空，我们一起去看看这场比赛，看谁的预测准确，你认为意下如何？"

商场主管很高兴地收下了门票，并且还一个劲地坚持自己的判断肯定不会错。

临出门时，手上拿着大卫送的门票的商场主管忽然对大卫说："听说你准备在我的商场里举办婴儿用品促销活动？这样吧，我们一起策划一下。办完这事之后，我们再一起去看球赛，我要你和我亲眼看见凯尔特人队是如何狂胜马刺队的。"

很快，这次的婴儿用品促销活动得以圆满举办。大卫和主管也成了很要好的朋友。

许多有经验的求人成事者，会想方法让对方喜欢、接受，使商谈获得成功。因为每一个人几乎都有这样的习惯：喜欢听别人提及自己的事，谈论他本人所关心的事，所以求人成事者有必要多花心思研究对方，对他的喜好、品位有所了解，这样才能顺水推舟。

投其所好的说话方式往往能够取得很好的效果，因为谁也没有义务帮助别人，而投其所好不但能讨得对方欢心，还让两个人的关系走近了，这样别人自然会愿意帮忙。

有求于别人，不必低三下四

有些人觉得自己有求于别人，感觉就比别人矮了一截，于是说起话来，低声下气。其实，求人的时候要想获得成功并不是靠卑躬屈膝，如果你是一个值得别人帮助的人，只要在言谈中表现出你的能力、实力，自然能够打动别人。

唐代诗人白居易 16 岁到长安应试，向当时的名士也是著名诗人顾况求助，希望对方能推荐自己。

当时，白居易还只是一个无名小辈，地位已经很高的顾况自然有些瞧不起这个年轻人。一看见他姓名中的"居易"二字，顾况就嘲笑他说："长安米贵，居不大易。"

言下之意是非常明显的，就是我为什么要帮助你这个无名小辈呢？帮助你在长安成名又有什么意义呢？但当顾况接着看白居易递上去的诗作，翻阅到其中《赋得古原草送别》一首，不由得精神顿时清爽起来：

离离原上草，一岁一枯荣。
野火烧不尽，春风吹又生。
远芳侵古道，晴翠接荒城。
又送王孙去，萋萋满别情。

这首诗写得极有气势，把自然界的草木荣枯与人生的离合悲欢联系起来。特别是"野火烧不尽，春风吹又生"两句，表现出一种饱受摧残，而仍然不屈不挠、奋发上进的豪迈精神。见此，顾况不由得击节赞叹，改口称赞说："有才如此，居亦易矣！"顾况认为白居易是个值得自己帮助的青年，于是答应了白居易的求助，帮助白居易广交长安名人雅士，并在仕途上助他一臂之力。

　　白居易以不卑不亢的态度，用过人的才华为自己赢得了顾况的赞赏，也为自己赢得了成功的机会。求人时，不妨想想你有什么地方值得让人帮助你：向人借钱，是不是该让人知道你有多少还钱的实力；向人求工作，是不是该让他知道你的工作能力能为他带来多少利润；向人求爱，是不是该让他晓得你值得对方爱的优点？

　　有求于别人的时候，态度自然不能狂妄自大，但也用不着低声下气。如果你是求人时的强者，则完全没有必要摆出居高临下的样子，而应该表现出自己平易近人，开朗、热情、主动，目中有人，尊重对方，再配上微微一笑，使对方感到亲切而温暖。这样，就会给求人与被求双方创造一种友好亲切的气氛，解除那种由于你的身份、你的背后的权力与经济实力加在对方头上的沉重压力。总之，身为强者的你应该放下架子，以缩短双方的距离，激发双方思想感情上的共鸣，以谦和的态度赢得对方信任并达到自己求人成事的目的。

　　而作为地位比对方低的求人成事者，则应该不为对方的权势所动，不为对方的身份、地位所左右，克服畏惧、紧张、羞怯、遮掩的不良心态，大胆地表明自己的来意。应使自己振作起来，以一种"人对人"的不卑不亢态度来与对方会谈，尽可能地展示自己的才华，这样才能在求人成事时获得成功。

以退为进，赢得对方的信任

在求人办事的过程中，有时候我们正面相求或者据理力争说这样做的好处，不如"以退为进"更能打动人心。很多时候，我们过分强调自己的目的，过分坚持自己的想法并不一定能够取得预想的效果，相反，如果采取一种"退"的策略，有时反而更容易达到目的。

某镇的镇政府秘书有个计划要实施，必须经书记同意。对于这个计划，镇长是比较愿意的，并同意帮助秘书劝说书记。当他们到了书记的办公室，秘书做了大致的陈述后，书记思考片刻，就问镇长："你觉得这个计划如何？"而镇长的回答却令秘书很失望："还应当再探讨一下！"镇长明明答应支持秘书，为什么变了呢？于是书记只答应"我再考虑一下"，这样计划当时就没有通过。"镇长怎么这样呢"，秘书心里嘀咕着。

几天来，秘书心里一直不是滋味。过了一个星期，让秘书感到意外的是，书记同意了他的计划。原来镇长在他们交谈后，说服了书记。试想，假如镇长和秘书一起说服书记，书记会做什么决定还不得而知。

很多时候，我们在拜托别人帮忙的时候，总是一个劲地想说服对方，让对方接受我们的请求，对方反而会有些不情愿，因为很多人都会有种怀疑精神，凭什么你说好我就一定要相信呢，反而会觉得你一个劲地说好是不是为了掩饰什么呢？

有一次，在费城举行宪法会议的时候，会议中分为赞成派和反对派，讨论相当激烈。由于出席者有着人种、宗教等方面的差异，利害关系各异，因此会议充满了火药味和互不信任的气氛。出席者的言辞都非常尖锐，甚至还有人身攻击。

眼看会议即将决裂，在这个时候，持赞成意见的富兰克林适时地站了出来，他不慌不忙地对人们说："事实上，我对这个宪法也并非完全赞成。"

此话一出，会议纷乱的情形立刻停止了，反对派人士都用怀疑的眼光看着富兰克林。富兰克林停了一会儿，继续说道："对这个宪法，我并没有信心，出席本会议的各位，也许对这些细则还有些异议，但不瞒各位，我此时也和你们一样，对这个宪法是否正确抱有怀疑态度，我就是在这种心情下来签署宪法的……"

经富兰克林这一说，反对派的激动和不信任态度终于平静下来，他们反而想让时间验证一下它是否正确，这样，美国的宪法终于顺利通过。

对于一件事情，如果一味地强调好的一面，那么对方对于你所说的话，就会存有不信任的潜在心理。这时不如利用人类潜在的"逆反心理"，采取以退为进的方法来取得对方的信任。富兰克林就是利用了这个技巧，先说一些对自己不利的话，使对方产生了信任感，再顺势达到自己的目的。

循序渐进，把握好说话的节奏

有些时候，我们在求人办事的时候，对方总是会对我们说："你有什么事就不要拐弯抹角了，开门见山直接说吧。"然而，当你真的开门见山地说的时候，对方却露出为难的表情了。事实上，开门见山、贸然提出请求这种直接的方式在求人办事时很难取得好的成效。求人办事应循序渐进，一步一步针对性地消除对方的重重疑虑。

美国斯坦福大学社会心理学家弗利特曼和弗利哲两位教授，曾同学校附近一位家庭主妇巴特太太做了个有趣的实验。他们打了个电话给她："这儿是加州消费者联谊会，为具体了解消费者之实况，我们想请教几个关于家庭用品的问题。"

"好吧，请问吧！"

于是他们提出了一两个如府上使用哪一种肥皂等简单问题。当然，这个电话，不单单只打给了巴特太太。

几天后，他们又打电话了："对不起，又打扰你了，现在，为了扩大调查，这两天将有五六位调查员到府上当面请教，希望你多多支持这件事。"

按理来说，这实在是件不太礼貌的事，但也被同意了，到底是为什么呢？其实原因很简单，就是因为有了第一个电话的铺路。相反，他们在没有打过第一个电话，而直接有第二个电话要求时，却遭到了拒绝。

由此可见，向人有所请托，应由小到大，由微至著，由浅及深，由轻加重才是，如果一开始就有太大的请求，一定会遭到对方断然的拒绝。因此，一点一点引别人接受，是求人办事的一大成功法则。

心理学家查尔迪尼在 1975 年为慈善机构募捐时，只不过多说了一句"哪怕是一分钱也好"的话，便多募捐到一倍的钱物。查尔迪尼这样分析说："对人们提出一个非常简单的要求时，人们难以拒绝，因为他们害怕别人觉得自己不通人情；当人们接受了这个简单的要求之后，再提出一个比较高的要求，人们一般会更易接受。这是因为，只要你接受了别人一个微不足道的请求后，对于更大的请求便不会觉得有多困难或不好意思拒绝别人的请求。"

求人办事时，我们可以先通过一些小事，来拉近对方的距离。等两人的关系更近的时候，再表明自己的意图，这样，成功的概率会大大提高。

循序渐进的说话，要注意几个问题。

首先，你要清楚你最终要说的是什么，而后在渐进的过程中，层层深入，也就是，你之前说的都是为了后面做铺垫的。比如，选择对方最关心的话题切入！怎样切入话题？这里就讲到沟通的四字真言："夸""问""听""讲"。

（1）夸：任何一次谈话开始三分钟肯定从夸对方开始，说对方喜欢听的话。

（2）问：关心对方，问对方关心的话题，如父母、孩子、工作、生意……

（3）听：先听后说，多听少说，听了才知道要说什么。

（4）讲：顺着对方的话语来说，能说出打动对方心坎的话题，能说出对方没听说过的话语。这样就会逐步建立起双方的初步信任，为进一步的沟通做好准备。

其次，在说的过程中，不要脱节，一下子就从这个问题跑到另外一个问题，脱离主题了，最后想说回主题来都难了。有人本来是想去找对方帮忙，然后想先做个铺垫，去对方家里拜访了解一下口风。看到对方家的装修很特别，想赞美一番拉近距离，结果就和这家主人聊装修，一直聊到差不多该告别的时候，才想起来自己是带着"任务"而来的，可是，也不好意思逗留太久，导致无功而返。

正话反说容易让人接受

在日常生活中，当人们在请求别人的时候，总是喜欢从这件事的正面意义来说服对方，比如你为什么要这么做，强调这件事的动机和好处。其实，这样做有时候反而是不能达到目的，因为这么做会让人觉得是被迫接受的，而非是出于主观自愿。

你也许意识不到，在求人办事的过程中，表达方法的不恰当会让对方产生抵触心理，从而拒绝你，那么你想要通过沟通达到自己的初衷也会化为乌有。

西方管理学认为，怎样做往往比做什么更重要。

唐太宗李世民有次扬言要杀掉总是触犯他的魏征，长孙皇后闻后十分着急。

如果用大道理劝说李世民，李世民不仅不容易接受，反而会使事情变得更糟。于是，长孙皇后换了一种方式来劝说李世民。

长孙皇后对李世民说：自古以来主贤臣直，只有君主贤明，当臣子的才敢直抒胸臆、有话敢讲，今魏征敢于立言劝谏，全赖圣上贤明。李世民闻后龙颜大悦，打消了要杀魏征的念头。

试想，如果长孙皇后一个劲地劝说李世民，不要杀了魏征，像魏征这样敢于直谏的臣子是忠臣，你若杀了他，你就是一个昏君等等，诸如此类的说法，一定会惹得李世民更加生气，因此更加下定要杀魏征的决心。

秦朝时，有个很有名的人叫优旃。

有一次，秦始皇要大肆扩建御苑，多养珍禽异兽，以供自己围猎享乐。大臣们虽然知道这是一件劳民伤财的事，但谁也不敢阻止秦始皇。

这时，优旃挺身而出，对秦始皇说：好，这个主意很好，多养珍禽异兽，敌人就不敢来了，如果敌人从东方来了，可以下令麋鹿用角把他们顶回去，就不用士兵了。秦始皇听了不禁破颜而笑，而且改变了扩建御苑的决定。

优旃的话表面上是赞同秦始皇的主意，而实际意思则是说如果按秦始皇的主意办事，国力就会空虚，敌人就会趁机进攻。

这样表面上赞同了秦始皇，同时也保全了自己，更为重要的是它促使秦始皇醒悟，从而达到了自己说服的目的。

很多时候，我们总是习惯从一件事的正面意义去说服别人，但是对方却往往不为所动，还以为是自己言辞不够正义，于是更加用心用情，却让对方越来越反感。这个时候，不妨换个角度，反其道而行之。

正话反说的方法是办事说话时的一种常用方法。反说出来的话能使本来也许是困难的交往变得顺利起来，让听者在比较舒坦的氛围中接受信息，如巧用语气助词，把"你这样做不好！"改成"你这样可能会产生某种后果，这种后果……"然后让听者自己理解这种后果的严重性，自然也易接受你的请求或意见。

第八章
"丑话"要巧说，别让不好意思害了你

如果你在工作时间，或是你正想休息一下的时候，突然有一个人前来缠住你，唠叨不休地向你借钱，或要求为他谋一份职业，或是请你帮个忙，并不管你愿不愿意，他一定要求你答应下来，或者一定要你买他的产品，你会觉得痛苦吗？

相信你会感到头痛，但是有没有办法避免这些困扰呢？这就要看你会不会高情商地拒绝了。

情商低，也只能硬着头皮说"不"

拒绝别人是有讲究的。拒绝得法，对方便心服情愿，如果拒绝不得法，会使人感到不满，甚至对你怀恨在心。许多时候，当你硬着头皮说出"不"字，在伤对方面子的同时，也是在赤裸裸地表达你的低情商。

有一次，一家保险公司的所谓"代理人"到一位编辑的办公室来做销售，整整谈了一个上午，这位编辑始终用"不"字来拒绝，结果那位"代理人"只好怏怏退出了。

几天之后，这位编辑的同事来告诉他，一个胖胖的年轻人在外面口口声声地在破坏他的名声。这位编辑非常惊奇，因为在工作中或工作以外他并没有仇人。直到同事说那个青年人的下巴上有颗痣，这才恍悟，原来是那天被他拒绝的那个"代理人"。

拒绝人家不得方法，实在会带来很多麻烦。例如，一个信誉不良的朋友向你借钱，你明知道把钱借给他就像肉包子打狗一样有去无回。一个相识的商人向你推销商品，你明知买下就会亏本……诸如此类的事你必定加以拒绝。可是拒绝之后，就有可能断绝交情，引人恶感，被人误会，甚至种下、埋下仇恨的祸根。

要避免这种事情发生，唯一的方法是要运用聪明智慧。学习拒绝的方法要注意下列几项原则：

你应该向对方解释拒绝的理由；

拒绝的言辞最好用坚决果断的暗示，不可含糊不清；

不要把责任全推到对方身上；

注意不要伤害他的自尊心，否则定会迁怒于人；

让对方明白你的拒绝是万不得已，并表示抱歉。

有时为了拒绝别人，含糊其词地去推托，如"对不起，这件事情我实在不能决定，我必须去问问我的父母"，或者是"让我和孩子商量商量，决定了再答复你吧"。

这种方法太不干脆了。有些人可能认为这是拒绝的好办法，既不伤害朋友的感情，又可以使朋友体谅你的难处。这种敷衍的结果是对方会再三来缠绕你，当他终于发觉这是你的拒绝，以前的话全是敷衍、骗人的推托之词时，不但会怨恨你，而且也暴露了你致命的弱点：懦弱和虚伪。

如果换一种情况，你的上司或主管对一项措施征求你的意见时，你出于对此负责的目的，必须表明你是反对还是赞成时，你又该怎么办呢？

让我们来举一个例子：

美国一家贸易公司的经理设计了一个商标，开会征求各部门的意见。

经理报告说："这个旭日很像日本的国旗，日本人看了一定会购买我们的产品。"

然后他征求各部门主任的意见。营业主任和广告主任都恭维经理构思的高明。最后轮到代表出口部主任的青年职员发表意见，他说：

"我不同意这个商标。"全场的人都瞪大了眼睛看着他。

"怎么？你不喜欢这个设计？"经理吃惊地问他。

"我不喜欢这个商标，"年轻人直率地回答。其实从艺术的观点来说，这位年轻人的确有点讨厌那个红圈圈，他明白和经理辩论审美观是得不到什么效果的，所以他只是说："我觉得它太好了，恐怕不合适。"

经理笑了起来，说："这倒使我不懂了，你解释一下看看。"

"这个设计鲜明而生动自然是毫无疑问的，因为与日本的国旗相似，无论哪个日本人都会喜欢的。"

"是啊，我的意思正是如此，这我刚才已经说过了。"经理有些不耐烦地说。

"然而，我们在远东还有一个重要市场，那就是华人社会，包括中国大陆和香港地区，以及东南亚国家，这些国家和地区的人们看这个商标，也会想到日本的国旗。尽管日本人喜欢这个商标，但是由于历史的原因，这些国家和地区的人们就不一定喜欢，甚至可能产生反感。这就是说，他们会拒绝我们的产品，这不是因小失大吗？照本公司的营业计划，是要扩大对中国和东南亚国家及地区贸易的，但用这样一个商标，结果是可想而知的。"

"天哪！我怎么没有想到这一点，你的意见对极了！"经理几乎叫了起来。

这位年轻人如果也是和其他人一样地对经理恭唯从命，让旭日做成商标，将来产品销到远东之后，生意清淡，无法收到订单，那时即使意识到其原因是商标问题，也无可挽回了，况且那位代表出口部出席那次会议的青年能推卸责任吗？

要向一位有权威的人表示反对意见或拒绝，你必须要有充分的理由，更要说得使他完全信服。因此，技巧的运用不能不讲究。你看上述例子中，那位青年一句开场白先满足了经理的自尊心，同时也不会使他产生不悦，然后，你再陈述充分的理由，经理也就不会因此觉得难堪了。

记住：不要损伤他人的自尊心，不要使他人感到你低人一截。你虽然拒绝了他，还是让他仍然自满和得意吧！

做一个习惯说"不"的高情商者

人际交往中，每个人都会碰到一些不合理的要求，或是自己不愿意接受的事情，直截了当地拒绝别人，会觉得太伤颜面，不拒绝又委屈了自己。因此，如何巧妙地拒绝别人，如何巧妙地说"不"便成了一门艺术。

很多人为了息事宁人，自己强忍着，宁愿当个"烂好人"。还有的人从来不拒人于半里之外，他们觉得说"不"难免伤感情。不敢说"不"的人，他们的目标是被别人来喜欢和爱，但代价却是牺牲自我。

周五晚上，好友梅梅又在电话里向好友抱怨，说女儿的芭蕾课要考试，答应周六陪她去舞蹈学院排练一上午，下午要陪小姑子挑选婚纱，晚上同事给老公搞生日派对，她满口答应去帮厨……唉，成天为别人的事忙碌，多累多不情愿多烦啊……恨不能有孙悟空的本领，来个分身术！

"谁让你逞强，应下一大堆事儿?"好友抢白了她一句。

"没办法呀，既然别人开了口，我怎么好意思拒绝呢?"

好友太了解她了，梅梅正是那种有求必应的热心人，只要别人开了口，她总碍于面子，怕惹别人不高兴，心里再不情愿也要硬撑着答应下来。"不"字从她嘴里蹦出来，似乎比登九重天还难，到头来，往往搞得自己心力交瘁，疲惫不堪……

梅梅在办公室也是如此，担心自己不承担所有交代下来的工作，就会惹上司不高兴，于是有求必应，从来不去考虑自己的承受能力，结果分内的工作都给耽误了。拒绝别人最让她头疼，在婚姻中也不例外，"不管老公想干什么，我都会让步，还是少惹他不开心的好，他的工作压力已经够大了。就让我当天底下最不开心的那个人吧。"梅梅挺有献身精神地说。

在生活中，面对明知不可为的事情，要相信自己的判断，要勇敢地说"不"。为了一时的面子而勉强行事，是最不明智的行为。俗话说：死要面子活受罪。如果拿不出勇气来拒绝别人，最后受委屈、吃亏的只能是自己。

说"不"固然代表"拒绝"，但也代表"选择"，一个人通过不断的选择来形成自我，界定自己。因此，当你说"不"的时候，就等于说"是"。你"是"一个不想成为什么样子的人。勇敢说"不"，这并不一定会给你带来麻烦，反而能替你减轻压力。如果你想活得自在一点、原则一点，就请勇敢地站出来说"不"。记住，你不必为拒绝不正确的事情而内疚，因为那是你的权利，也是你走向成熟必上的一课。

当然在你勇敢地说"不"的时候，你不能硬邦邦地回绝别人，给人造成颜面上的难堪和心里的不快，而要懂得把握拒绝的艺术，那么在说"不"的时候，你要注意哪些呢？

（1）确定别人对你的要求是否合理，不要看别人是否觉得合理。如果你犹豫或推脱，或者你觉得为难或被迫，或者你觉得身体内紧张压迫，那可能意味着这个要求是不合理的。

（2）在完全弄明白别人对你的要求之前，不会让自己说"是"还是"不"。

（3）说"不"时要清晰肯定。简单地说出"不"是很重要的，不要让它成为一个充满着借口和辩解的复杂表述，你不想这么做只是因为你不想做，这就够了。你在拒绝的时候，只要简单明了地解释一下你的感受就行了。直接的解释是一种果断的自信，间接的误导或借口是一种优柔寡断，会给你将来留下更多的麻烦。

（4）在拒绝的时候不说"对不起，但是……"。说"对不起"

会动摇你的立场，别人可能会利用你的负疚感。当你认真地估计了形势，决定拒绝的时候，你用不着觉得抱歉。

（5）在业务来往中，如果对方给你提出超规范的要求，如直接说"不"，断然回绝。其结果，往往是你处在有理有利的地位，反而把双方关系搞僵了，从而导致其他工作不能顺利开展，影响极大。这时候，你就要把未出口的"不"改成"我尽力""我考虑一下再给你电话"等，然后将话题岔开，对方会感到你很给他面子，比较容易接受。事后，如对方再仔细考虑的话，也就会觉得自己的要求"是不是太过分了"，于是他会自觉放弃，事情就会迎刃而解。

一个人如果不懂得保护自己、尊重自己和自己的需求，别人也不会对你这样做。在需要拒绝的时候，要敢于拒绝任何人、任何事，只有这样你的生活才会过得洒脱。

拒绝别人也要人情味十足

在人际交往中，我们常常会遇到一些难以答应的请求，如言辞生硬，直接回绝别人，往往造成不好的结果。这时最好的方式就是委婉地表达出自己拒绝的意思，让对方知难而退，这样既不伤朋友间的和气，也不违反自己为人处世的原则。

罗斯福当海军助理部长时，有一天一位好友来访。谈话间朋友问及海军在加勒比海某岛建立基地的事。

"我只要你告诉我，"他的朋友说，"我所听到的有关基地的传闻是否确有其事。"

这位朋友要打听的事在当时是不便公开的，但是好朋友相求，如何拒绝呢？

罗斯福望了望周围，然后压低嗓子向朋友问道："你能对不便外传的事情保密吗？"

"能。"好友急切地回答。

"那么，"罗斯福微笑着说，"我也能。"

这位朋友明白了罗斯福的意思，之后便不再打听了。

后来，罗斯福的这位朋友仍然和他交往着，感情并没有减淡，因为那人很清楚罗斯福做事一向是很有原则的。

在上面的事例中，罗斯福采用的是委婉含蓄的拒绝。在朋友面前既坚持了不能泄密的原则立场，又没有使朋友陷入难堪，体现了高超的语言运用能力。相反，如果罗斯福表情严肃，义正词严地加以拒绝，其结果必然是两人之间的友情出现裂痕甚至危机。拒绝对方，也要给对方留足面子。当我们用委婉的方式来表示拒绝，就不易使对方难堪了。

我们对别人说"不"，是维护自己权益的行为，但是在维护自己权益的同时，也应当尽量照顾到对方的感受。虽然拒绝要态度明确，但仍须通过各种语言的艺术，不要让对方感到难堪。

汉光武帝刘秀的姐姐——湖阳公主的丈夫死后，看中了朝中品貌兼优的宋弘。有一次，刘秀召来宋弘，以言相探："俗话说，人地位权利高了，就要改换自己结交的朋友；人富贵了，也可以改换自己的妻子，这是人之常情吗？"宋弘回答说："我只听说'患难之交不可忘，糟糠之妻不下堂'。这句话的意思是：无论人是在生活贫困、地位低下，还是富贵、地位高的时候，都不能把朋友忘记，最初的结发妻子也不能让她离开身边。"

宋弘自然深知刘秀问话的言外之意，但他进退两难。应允吧，违背了自己的人品，也对不起自己的结发妻子；含糊其词吧，还会招来麻烦，毕竟是一国之君；直言相告吧，也不得体，又有冒犯龙颜之患，因此他引用古语来"表态"，委婉而又直截了当地表明了自己的态度与立场，也是一个良好的拒绝他人的办法。

说"不"固然不太容易，但说话高手们总会让自己的拒绝明确而合理，不但能够在委婉的语言中让对方免于难堪，给对方一个台阶下，同时也明确地表达出自己的意思，让对方知难而退，从而达到拒绝他人目的。

真心说 "不"，倒出你的苦衷

不管是在生活还是职场中，我们常常都会遇到这样的问题：一位朋友或者同事突然开口，让你帮个忙。问题在于，这个事情对你来说，已经有些超出个人的能力范围。答应下来，自己忙上忙下，还不一定能够圆满完成；如果直接拒绝，面子上又实在抹不开，毕竟大家都相熟已久了。此种情况应该怎么说，才能既不得罪人，又能达到拒绝的目的呢？

有人会直接对他说："不行，真的不行！"如果你真这么说了，当然拒绝的目的是肯定达到了，但是你可能因此失去一位朋友，甚至还会影响到你在这个圈子的口碑。有人会推托说："我能力不够，其实某某更适合。"那你有没有想过：当朋友或同事把你的这番话说给某某听时，他会做何反应？有人会不好意思地说："我真的忙不过来。"这个理由还算不错，可是只能用一次，第二次再用时，朋友或同事一定会用疑惑的眼光来看你。

那么，到底应该怎样说出那个重要的 "不" 字来呢？

1. 不妨先倾听一下，再说 "不"

在工作中，往往每个人都会遇到这种情况，当你的朋友或同事向你提出要求时，他们心中通常也会有某些困扰或担忧，担心你会不会马上拒绝，担心你会不会给他脸色看。因此，在你决定拒绝之前，首先要注意倾听他的诉说，最好的办法是，请对方把自己的处境与需要，讲得更明了一些，自己才知道如何帮他。接着向他表示你了解他的难处，若是你易地而处，也一定会如此。

"倾听" 能让对方产生自己被尊重的感觉，在你婉转地表明拒绝他人的立场时，也要避免伤害他，还要避免让人觉得你只是在应付他。如果你的拒绝是因为自己有一定工作负荷或者压力，倾听可以让你清楚地界定对方的要求是不是你份内的工作，而且是否在自己的能力范围内。或许你仔细听了他的请求后，会发现协助它有助于提升自己的工作能力与经验。这时候，你在兼顾自己的工作原则下，牺牲一点自己的休闲时间来帮助对方，对自己的发展也是有帮助的。

"倾听"还有一个好处是，虽然你拒绝了他，但你可以针对他的情况，建议如何取得适当的支援。若是能提出更好的办法或替代方案，对方一样会感激你。甚至在你的指引下找到更适当的方法，这样也会事半功倍。

2. 温和而又坚定地说"不"

当你仔细倾听，明白朋友或同事的要求后，并认为自己确实无能为力，只能拒绝的时候，说"不"的态度即要温和又要坚定。好比同样是药丸，外面是一层糖衣的药，就比较让人容易入口。同样，委婉表达拒绝，也比生硬地说"不"让人更容易接受。

例如，当你的同事的要求不合公司或部门的有关规定时，你就要委婉地表达自己的工作权限，并暗示他如果自己帮了这个忙，就超出了自己的工作范围，违反了公司的有关规定。拿自己工作时间已经排满而爱莫能助的前提下，要让他清楚自己工作的先后顺序，并暗示他如果帮他这个忙，就会耽误自己的工作，会产生一些不必要的麻烦，也和公司的利益有冲突。

一般来说，同事听你这么说，一定会知难而退，而再去想其他办法。

3. 说明拒绝的理由

拒绝在某种意义上，其实就是一种辩论。别人会想尽办法试图说服你接受，而我们则必须利用各种理由"反击"，向他说明自己不能接受的原因。如果我们要让对方心服口服，就必须说出一个值得信服的理由。当然，选择权在我们手上，即使没有理由，我们也可以选择拒绝对方；只是这样的结果，会让对方感到不悦，毕竟遭受毫无理由的拒绝，任谁都不会开心的。

4. 不要过多地解释

有些拒绝者为了抚慰对方"受伤的心灵"，往往在拒绝之后，说出一大堆安慰的话，或为自己的拒绝说出一连串冠冕堂皇的理由。其实，这些都是画蛇添足，因为太多理由，反而让别人觉得你是在借故搪塞。因此，拒绝的理由只要说清楚就行了，不要解释过度。

在说"不"的过程中，除了技巧，更需要有发自内心的耐心与关怀。若只是随随便便地敷衍了事，对方其实都看得到。这样的话，有时更让人觉得你是一个不诚恳的人，对你的人际关系伤害更大。

总之，只要你真心地说"不"，对方也会了解你的苦衷，而且你也能成功地达到拒绝别人的目的。

拒绝的话不宜模棱两可

很多人，在拒绝别人的时候怕得罪别人而影响彼此的感情，总是喜欢含糊其词。听得懂的人自然还好，能够明白这是对方拒绝的说辞；没听懂的人，自然就会会错意，然后默默地等待着你的帮助。等到某天，见交代你这么久的事还未办妥，便又来说起："你上次帮我办的事，怎么这么久都还没办好呢？"这时你才错愕地回答他："我什么时候说过帮你的忙？"……然后，这时把话说开，对方才领悟过来，你觉得自己很无辜，对方更多的却是埋怨，从此，两人关系便开始越走越远。

虽然拒绝别人真的很为难，但是你要记住，滥用你的委婉，不明确地拒绝别人，只会给大家造成不必要的误会，让双方都受到损害。

小王和小张是一起长大的好朋友。因为小王从小就勤奋好学，所以一直念书念到了研究生毕业，工作后也是一帆风顺，现在已经是一家知名企业的部门经理。而小张呢，从小就调皮捣蛋，所以高中毕业便出去打工了。小张这人一直不长进，虽然在社会上混了那么多年，却也没混出个什么名堂。最近听说小王在某家大公司当经理，便想去谋个好职位。

小张找到小王说："小王，看在我们俩这么多年交情的份上，这个忙你可得帮我啊。"

小王其实很为难，因为他们公司有规定，学历至少是本科以上，但是鉴于好朋友，他又不好直接推脱，只好回答："这个事有点不好办。首先，你的学历不符合规定，难度比较大，何况招人的名额有限。不过，我会尽力争取，当然你不要抱太大希望。"

小张听小王这么说，只觉得可能是有点难，但是小王尽力的话，应该没问题，就没有多想，回家安安心心地等着上班。可是等了两个星期，也没有收到任何通知上班的邮件或者电话，小张再次找到小王，并问道：

"你上次说帮我的忙，怎么还没消息呢?"

小王很为难地说："哥们，不是我不帮你，是真的不行啊，你也知道你的学历不符合我们公司的要求的，我实在无能为力啊。"

小张一听，生气地说道："你帮不了就帮不了啊，直接给句痛快话呀! 浪费了大半天工夫，早干吗去啦?"

就这样，小张和小王闹掰了，二十几年的交情也因此没了。

上述所讲到的结果当然我们每个人都不希望遇见。我们在拒绝别人的时候，不要因为过于照顾对方的颜面，而把话说得模棱两可。大多数人都不好意思说出拒绝别人的话，然而很多时候对方提出的某些要求很过分，不是我们自己力所能及的。这就出现了如何拒绝他人的问题，因为硬撑着导致的结果更糟。

拒绝的时候态度一定要坚决。何谓坚决? 就是明明白白地告诉对方，这件事自己无法做到，让他另请高明。

"对不起，我真的帮不上忙"和"这问题恐怕很难解决"相比，后者显然会给被拒绝者带来更大的想象空间。当我们试图用一种很婉转的态度拒绝别人时，通常不会收到太好的效果。因为模棱两可、暧昧不清的拒绝，并不会让对方丧失希望，正所谓希望越大，失望越大。与其让对方抱着不切实际的幻想空等，不如在最初便狠心地拒绝，或许会帮助他找到更好的解决方法。

我们心里要明白，无论是坚决说"不"，还是委婉说"不"，最终要达到的目的都是相同的，即让对方知道自己的表态是决定性的，没有妥协余地。这种表态方法的差别仅限于语气上的软硬，而在话语的指向上需要准确无误。

　　总之，你的言语必须确实明白地表示出你的想法。很多事情虽一时能敷衍过去，但总有一天，当对方明白你以前所有的话都是托词时，就会对你产生很坏的印象。因此，与其如此，不如干脆一点儿，坦白一点儿，毫不含糊地讲"不"。

幽默一点，不要板着脸说"不"

我们都知道，幽默是可以化解尴尬的场面，幽默可以赢得陌生人的好感，幽默可以拉近陌生人之间的距离……幽默的语言总是有着神奇的作用，而在拒绝别人的时候，幽默也可以获得良好的效果。

现实生活中拒绝是一件令人遗憾的事，但却又是无法回避的事。有时候自己的至亲好友，从不开口求人，偶尔万不得已求你一次，不幸遭到拒绝，轻则失望，重则大发雷霆。有的患难之友，曾经在你困难时鼎力相助；如今有求于你，你心有余而力不足，但他可能不相信，指责你忘恩负义。有的恳求虽然合理，但迫于客观条件的限制，一拖再拖，始终无法得到解决。无论哪一种情况，拒绝别人都是一件难于启齿的事。一怕生硬的语言伤害打击到对方的心灵，二怕不恰当的拒绝破坏两人原本的关系。那么是否有一种两全其美的方法，既不会伤害别人的面子，还可以巧妙地拒绝呢？回答是肯定的。纵观中外历史，许多名人、伟人都善于使用特别的"语言武器"，很机智地拒绝对方，这种特别的"语言武器"就是"幽默"。

美国有一位女士读过《围城》后，便给钱钟书先生打电话说，希望能够见一见钱钟书先生，但钱钟书先生向来淡泊名利，不爱慕虚荣，于是他就在电话中这样说道："假如你吃了一个鸡蛋觉得不错的话，那你又何必要见那个下蛋的母鸡呢!"在此，钱先生以其特有的幽默和机智，运用新颖、别致而又生动、形象的比喻，拒绝了那位美国女士的请求。钱钟书先生的这番话不仅维护了美国女士的自尊，还使自己避免了不必要的麻烦。

用幽默的语言拒绝对方提出的自己难以接受的要求，不仅坚持了自己的原则，还能够保全别人的面子。这种幽默的语言，既不答应对方的不合理的要求，还避免了使对方尴尬，同时可以营造一种轻松愉快的气氛，并且还可以显示出被提要求一方具有豁达大度的处世风格。

生活中，拒绝一个人是需要勇气的，因为拒绝就意味着将对方拒之门外，拒绝了对方的一片"好意"，有时会让对方很难堪。这时，我们要根据不同的场合和对象进行考虑，选择恰当的方法婉转地拒绝，不能因为自己的拒绝而伤害对方的情感。

拒绝不仅是一门艺术，更是一门学问，还可以很好地体现一个人的综合素养。当别人对你有所希求而你办不到，不得已要拒绝的时候，要学会幽默地拒绝他人。所谓婉言拒绝就是用温和曲折的语言，把拒绝的本意表达出来。同直接拒绝相比，幽默的拒绝更容易被接受。因为幽默的拒绝方式在很大程度上顾全了被拒绝者的颜面。

面对别人无理的要求，你想拒绝，但又不能用明确的语言来拒绝，这样会令人难堪。这时，你可以运用幽默委婉的语言拒绝，不仅表达了自己的拒绝意图，还会使对方乐于接受。

幽默地拒绝别人是一种艺术。在拒绝别人的时候，我们可以引用一些名人名言、俗语或谚语的方式来做答，来表明自己的意思，或佐证自己的观点。这种拒绝方式的好处是很明显的，既增加了说话的权威性与可信度，还省去了许多解释和说明，更能增添语言的生动性与感染力。

幽默的拒绝技巧体现了一个人灵活交际的能力，它有助于处理好人与人之间的关系，运用得好，可以达到文雅得体，幽然含蓄，弦外有音，余味无穷的奇妙境地。因此，在拒绝别人的时候，我们用些诙谐、幽默的语言委婉地拒绝对方，更容易被人接受和理解，还帮助自己免去了很多麻烦。

不要等被逼无奈再说"不"

生活中的你，是不是常常有这样的经历：明明想对别人说"不"，却硬生生地把这个"不"字吞到肚子里去了，而违心地从嘴里蹦出来个"是"字？可是后来又越想越不对劲，心里说着"我其实当时应该拒绝他的""这个忙我根本就帮不了""我自己的事情都没有做完，怎么办"……于是你开始自责不已、悔不当初，最后一边为应承下来的事儿忙得焦头烂额，一边为自己不懂得拒绝而深深懊恼。

不懂得拒绝的人，无论是面对上司的命令、顾客的要求、同事的请托及工作中的任何突发状况，似乎都只能默默承受。他们觉得，如果自己说"不"，可能会面临一连串的麻烦：上司的不满、顾客的投诉、同事的怀恨在心……于是，为了维护自己的人脉，为了提升自己在同事间的口碑，为了让自己在工作上少一些阻碍，许多人在面对各式各样的请托和要求时，选择了接受，让自己陷入了难堪的局面。

只是，这样做正确吗？不妨看看以下案例再做判断。

张涛和李辉大学毕业后同时进入一家通信公司实习。这家公司可以说是全球无线通信行业的霸主，几乎在世界各地都有它的制造厂。能够进入这家公司，是莘莘学子的梦想，因此张涛和李辉两人都十分重视这次的实习机会。按照惯例，这家公司会从每一批实习的人员之中选择最优秀的一位留下来。

在进入这家公司之前，张涛便做足了准备，他觉得想要留在这家公司，上司的推荐和同事的口碑应该十分重要。因此，在进入这家公司之后，他为了笼络人心，对于所有同事都有求必应，诸如帮同事跑腿、帮经理助理打印……虽然常常因此耽误自己的工作，但是他每次得到同事的赞美，觉得这样也值了。大家见这小伙子那么热心，便也逐渐不客气了：甲让他帮自己带早餐、乙请他帮忙接孩子……哪怕这些是与工作毫不相干的事情，张涛全都接受，毫无怨言。

而李辉却截然相反，有人请他帮忙的时候，他似乎总以自己的事情还没做完为借口推托，渐渐地，请他帮忙的人越来越少。因此，大家对张涛的评价越来越高。

三个月的实习时间很快结束了，转眼就到了宣布最终结果的时候。看着被叫进经理办公室的李辉，张涛暗自欣喜："谁教你不注意人际关系，只顾着埋头做事，能留下来的人一定是我。"

半个小时后，李辉从经理办公室走出来，带着平静的表情开始收拾自己桌上的东西。张涛正准备上前安慰他一下，却猛然发现情况似乎有些不对劲。原来，李辉在收拾完自己的东西之后，并没有离开，而是把这些东西放在另一张配有电脑的工位上，而那个工位正是为留下来的那个人所准备的。

就在张涛愣神的时候，有人拍了拍他的肩膀，示意他到经理办公室去一趟。怀着惴惴不安的心情，他来到经理办公室。

"张涛，这三个月来，你的表现大家都看在眼里。你很热心，同事们对你的口碑很好。说实话，站在朋友的立场，我很想留下你。可是，站在公司的角度考虑，我们需要的是能在工作上做出成绩的人。在这段时间里，我很遗憾地看到你的主要精力并没有放在本职工作上，因此，我只能祝福你在新的公司一切顺利……"

生活中的你，是否有也过这样的经历：对于他人的要求，有时出于面子，有时为了不得罪人，不好意思拒绝，而只好勉强自己，违背自己的意愿，做了很多不是自己份内的事，还因此耽搁了自己应该做的事。

其实，很多人都有过这样的经历。实际上，拒绝别人并不代表你对他不友善，也不代表你冷酷无情，没有人情味。不管对谁，只要你不想做就有权利说不。否则，你的生活和工作会因此压力重重，这样会累坏自己的。

总之，要懂得在适当的时候说"不"，拒绝别人不一定是件坏事。如果你没有时间，没有能力帮助别人，那么拒绝别人的请求是你正确的选择。否则，问题拖下去只会越来越难解决。很多时候，正是因为你不懂得说"不"，才让自己陷入"被逼无奈"的窘境当中。更重要的是，这种草率的决定还会打乱自己的计划和安排，使自己的工作与生活陷入被动。长此以往，你将无法享受给予和付出所带来的真正快乐，正常的人际交往与互动都会沦为一种负累。

笼络人心对职场人士来说固然重要，但这并不代表我们在任何时候都不能拒绝。其实，根据实际情况，适当地对周围的人说"不"，更有助于自己顺利地完成本职工作，正如李辉那样，善于分辨什么是自己应该做的，拒绝那些对自己不利的干扰，这才是真正懂得工作的人所应具备的正确态度！

拒绝是小，保全面子是大

在实际生活、工作中，人们时常会遇到别人向自己提出要求，提要求的人有的是你不喜欢的，有些人又恰恰提出了你难以接受的要求，处于这种尴尬的情况之中，你将如何处理。我认为，遇到以上情况，我们没必要"有求必应"，而必须"拒绝"。

拒绝也是一门艺术，所以我们不但要学会拒绝，而且还要学会掌握这门艺术。在人们生活交往上过于生硬的回绝显得不近人情，婉言谢绝则显得彬彬有礼且不失面子。总之，拒绝并没有什么固定的模式或套路，至于如何拒绝才能取得最佳效果，那只能因事、因人、因地、因时而异了。

清代郑板桥任潍县县令时，曾查处了一个叫李卿的恶霸。

李卿的父亲李君是刑部天官，听说儿子被捕，急忙赶回潍县为儿子求情。他知道郑板桥正直无私，直接求情不会见效，于是便以访友的名义来到郑板桥家里。郑板桥知其来意，心里也在想怎样巧拒说情，于是一场舌战巧妙地展开了。

李君四处一望，见旁边的几案上放着文房四宝，他眼珠一转有了主意："郑兄，你我题诗绘画以助雅兴如何？"

"好哇。"

李君拿起笔在纸上画出一片尖尖竹笋，上面飞着一只乌鸦。

目睹此景，郑板桥不搭话，挥毫画出一丛细长的兰草，中间还有一只蜜蜂。

李君对郑板桥说："郑兄，我这画可有名堂，这叫'竹笋似枪，乌鸦真敢尖上立？'"

郑板桥微微一笑："李大人，我这也有讲究，这叫'兰叶如剑，黄蜂偏向刃中行'！"

李君碰了个钉子，就换了一个方式，他提笔在纸上写道："燮乃才子。"

郑板桥一看，人家夸自己呢，于是提笔写道："卿本佳人。"

李君一看心中一喜，连忙套近乎："我这'燮'字可是郑兄大名，这个'卿'字……"

"当然是贵公子的宝号啦！"郑板桥回答。

李君以为自己的"软招"奏效了，心里别提有多高兴了，当即直言相托："既然我子是佳人，那么请郑兄手下留……"

"李大人，你怎么'糊涂'了？"郑板桥打断李君的话，"唐代李延寿不是说过吗……'卿本佳人，奈何做贼'呀！"

李天官这才明白郑板桥的婉拒之意，不禁面红耳赤，他知道多说无益，只好拱手作别了。

以上即是以其人之道，还治其人之身。

不是不好意思直接说情吗？那就以"托物言志"这种打哑谜式的方式对话——针对李君以势压人的暗示，郑板桥还以颜色，将违法必究的道理借助"一丛细长的兰草和其间的一只蜜蜂"这样的画，以及"兰叶如剑，黄蜂偏向刃中行"这样的话表达出来，对方自然心知肚明；最后，既然古人说过"卿本佳人，奈何做贼"的话，那就不是我郑板桥不接受你李君的说情，而是古人在拒绝你。

拒绝是一门学问，能够体现出个人品德和修养，使别人在你的拒绝中，一样能感觉到你是真诚的、善意的、可信的。在拒绝的过程中，如果还想和对方保持良好的关系，就要采取换位的思路、同情的语调来处理。

事可以不帮，但情分不能伤

"拒绝"一词，词典上注释极其简单，就是"不接受"的意思。如果从社会人生的角度上挖掘，这个词又有较丰富的内涵。君子可以拒绝小人的险恶，小人也可以拒绝君子的美德。

拒绝，生活中并不鲜见。作为正直男子，你可以拒绝歪风邪气的侵蚀；作为貌美女郎，你可以拒绝来自社会的种种盲目追求；作为一方百姓，你可以拒绝贫穷与愚昧的蔓延，从而挺身走出苦难的误区。你要有充分的自由热情关怀尽善尽美的事物，决不要糟蹋了你自己的高雅趣味。

拒绝不等同于六亲不认式的无情无义，也不等同于失去理智后的一意孤行。在特定条件下，拒绝是人格与个性完美的结合，它既是人类个性的一种体现，又是人格精神锻造下所产生出来的一种意志力量。

明确而直言的拒绝，有时自己感到过意不去，也令对方感到尴尬。这就需要采用一些巧妙委婉的拒绝方式，既表达了自己的愿望，又将对方失望与不快的情绪控制在最小范围内，不影响彼此之间的人际关系。

唐宪宗元和年间，大将李光颜屡立战功，有个叫韩弘的将领非常嫉妒他。为了争名夺功，韩弘设了一计，他不惜花费大量财物，派人物色了一些美貌女子，并教会她们歌舞演奏等多种技艺。他特地将这些美女送给李光颜，希望李从此沉湎于女色而懈怠军务。李光颜当众对送美女的使者说："您的主公怜惜光颜离家很久，赠送美妓给我，实在是大恩大德，然而光颜受国家恩深，与逆贼不共戴天，更何况数万将士，皆远离妻子儿女，为国尽力死战，我怎么能独自以女色为乐呢?”一席拒绝之辞攻破韩弘的诡计，既令使者叹服，又使部属拥戴。

有人说：平生最怕拒绝别人。这似乎让我们看到人性的温柔与纯善，但在现实生活中，不拒绝未必为善事，学会拒绝也未必不是好事。

人们要懂得如何拒绝，其中最重要的拒绝是拒绝为本人做某事或拒绝为他人做某事。有些活动并不太重要，徒耗宝贵的时间。而更坏的事情是只忙于一些鸡毛蒜皮的事，这比什么都不干还要糟糕。要真正做到小心谨慎，只是莫管他人闲事还不够，你还得防止别人来管你的闲事。不要对别人有太强的归属感，否则会弄得你自己都不属于你自己了。

有时，我们不得不狠下心来拒绝别人，正如我们所遇到的别人给我们的拒绝一样，因为在是于否之间，我们不能优柔寡断，我们更不能左右逢源。其实，能平和地接受拒绝是一种洒脱、一种大度、一种成熟与豁达。它更需要勇气与磨砺，它也许是一种痛彻心扉的难忘经历，更是一种丰富多彩的人生成长。

应该在有的事情面前勇敢地说不。我们不能因为害怕拒绝而忘记去叩门。生活就是这样，往往一念之差，就会使人失之交臂而抱憾终身！如果对方是非分的祈求，请不要迁就，也不能凑合，你要拿出勇气来拒绝——轻轻地说声“对不起”，我无意去伤害一颗渴望的心灵，但也不能因此而失去自我。

学会拒绝也是一门学问，拒绝该拒绝的！当别人有求于你而你又无能为力时，不要急于把“不”说出口，不要使对方感到你丝毫没有帮助他解决困难的诚意。

“身在曹营心在汉”这一成语，基本上家喻户晓。凡是长篇历史小说《三国演义》的读者，无不为关公的“义”而啧啧赞叹。曹操爱才心切，对栖身曹营的关公，要官爵不下于侯，要银两不下于万，要美女应有尽有。而他的非凡之处便在于拒绝，并且是毫不犹豫地挂印封金，护送皇嫂，过五关斩六将，千里走单骑，完成他流芳百世的人格精神塑造。

拒绝，可以包括正反两个方面：一是拒绝苦心；一是拒绝诱惑。并不是所有的拒绝都能得到社会承认，都能成为人类文明的千古绝唱。当别人向你提出不合理的要求时，不要简单地拒绝他，而应该让他明白他的要求是多么荒唐，从而自愿放弃它。一位业绩卓著的家装设计师声称，对于用户的不合实际的设想，他从不直截了当地说"不行"，而是竭力引导他们同意他希望他们做的事情。

生活中，不可能不拒绝别人，但每次拒绝都带来隔阂，带来仇视敌意，那最后必将成为"孤家寡人"。因此，学会婉转拒绝是人生的必修课。学会拒绝，也许会为你的人生锦上添花；学会拒绝，也许你的事业能披金挂银。